內在重生

自我探索之鑰

照亮你內心的黑暗角落，
一場書寫勇氣與信心的轉變旅程！

王郁陽，舒天，孫思忠　主編

嚴重依賴 × 自卑恐懼 × 華麗虛榮 × 焦慮猜疑

想掙脫心中的枷鎖？你需要一趟深度心靈療癒之旅！

探索內在世界的奧祕、克服自卑與恐懼，
一本書引領你走向心靈重生之路！

目錄

目錄

目錄

目錄

目錄

目錄

前言

追求卓越是生命中最熾熱的因素，渴望成功是人生最活躍的本能。因為，成功意味著生命的富足與健康，成功代表著人生的幸福與快樂。儘管生活從來不會讓我們盡如人意，人生始終都是競賽般的艱辛，但成功的夢想，從人生開始的那一刻，就在我們每個人的心裡熾熱滾燙。

實現人生的成功，可以有無數種選擇，可以有無數條路徑，但都離不開人生的智慧。你可以勇敢地去追求，若是缺少了智慧，就只能是在虛幻中作不切實際的勞作。你也可以不停地奮鬥，若是沒有智慧的支撐，就只能在無休止的煩惱中埋葬最初的熱情。

人生的智慧在於對生命的思考，而成功的人生在於讓智慧閃閃發光。

成功人生的大智慧，是生活的哲理，是處世的藝術，是立身的學問，是生存的技巧，更是一把開啟成功之門的金鑰匙。

前言

人生是個萬花筒，每個人都以自己的方式，表現出獨具個性的色彩與姿態。如果缺少了智慧，就會使自己的人生黯然失色。也許我們一次不理智的拖延，卻錯過了春天的季節；也許我們一次不留神的衝動，卻使未成熟的果實夭折；也許我們一次不聰明的放棄，卻失去了與成功牽手的機會。因此，感悟成功人生的經驗，啟用自我的智慧能量，可以使我們的人生少走些彎路，少犯些錯誤，更快些與陽光擁抱，與成功交會。

人生的智慧豐富多彩，成功的方法許許多多。如果你想掌握住未來的人生，那麼，善於學習、善於思索，就會益處良多。本書將精彩的人生哲理、實用的人生途徑、最有說服力的人生經驗，盡收囊中，送給讀者，目的就是啟發讀者對人生的思索，引發讀者對生活的感悟，讓讀者在智慧的海洋中，找到自己的成功之路。

青年時期，是人生的黃金時期。

人生不可缺少智慧，智慧創造新的人生。

願以此書與青年讀者朋友共勉。

一、克服自卑：你行我也行

1 是誰在吞噬我們的自信之心

自卑是吞噬一個人自信之心的強大惡魔。每個人對自己都或多或少帶有一些不恰當的認知。自卑就是一種過度自我否定而產生的自慚形穢的情緒體驗，是一種認為自己在某些方面不如他人的自我意識和自己瞧不起自己的消極心理，是由主觀和客觀原因而造成的。

自卑是常見的一種心理現象。自卑與生俱來，人人都有，無論聖人賢士、帝王富豪還是布衣寒士、販夫走卒，在潛意識裡都是有自卑感的。正所謂「天下無人不自卑」，幾乎所有的人都存在自卑感，只是表現的方式和程度不同而已。

有研究發現，人的自卑心理，絕大部分是從兒童時代就已開始引發。佛洛伊德認為，人的童年經歷雖然會隨著年齡增長而逐步淡忘，甚至會在意識層中消失，但仍將頑固地存在潛意識中，對人的一生產生持久的影響，所以，童年經歷不幸的人更容易產生自卑。

一般來講，大部分人的自卑感是這樣形成的：小時候，父母比我們大，我們要依靠父母的扶持並依賴父母的哺育；我們在父母面前是渺小的。父母同樣也認為我們是弱小的，這樣，潛移默化中，在我們小心靈的深層潛意識裡自然而然地就有了一種「我小」的自卑情結。這種情結大多會一直伴隨我們的少年、中年和老年，甚至一生。如果你往積極的方面引導就會使你多一些自信，如果你向消極的方面靠攏就會使你多一些自卑。

沒有一個人的人生道路是一帆風順的，不如意事常有八九。因此，每個人前進的路上隨時都會遇到各種困難、挫折、失意等，這些都容易使人產生一種自卑心理。

相對而言，自卑感在青少年當中相當普遍。這是因為，進入青春期以後，人的自我意識發展得很快，青少年開始獨立地觀察、分析社會，用自己的觀點評價他人，也極其重視他人對自己的評價，非常關心「我」在別人心目中的形象。青少年開始重新審視自己，用挑剔的眼光尋求自己的不足，並常常將其誇大。每個人都在自己心目中塑造了一個理想的、完美的自我形象，希望越大，越是發現理想與現實的差距，於是暗自滋生不滿、失望和悲觀，同時，加上幼年時代滋長的自卑情結，從而導致了愈加強烈的自卑。

其實，在現實生活中，自卑心理可能產生在任何年齡層和各式各樣的人身上。比如說，德才平平，事業不振，往往容易產生「看破紅塵」的感嘆和「流水落花春去也」的無奈，以至把悲觀失望當成了人生的主調；經過奮力打拚，工作有了成績，事業上創造了輝煌，但總擔心風光不再，容易產生前途渺茫、「四大皆空」的哀嘆；隨著年齡的增長，青春一去不回頭，往往容易哀怨歲月的無情和生發出紅日偏西的無奈。等等。這些都是自卑心理。長期的自卑，會出現壓抑自我、消磨意志、軟化信念、畏縮不前、自我懷疑、自我否定等，嚴重的甚至會導致我們平常所說的心理障礙。

通常，自卑感強的人往往是有過某一特別嚴酷的經歷，有過心理創傷。如有個學生，在整個小學期間的成績都很差，但4年級前完全無憂無慮，然而後來發生的一件事，卻使他難以忘懷。那天他與同學正興致勃勃地踢足球，此時有位成績優良的同班同學故意搗蛋，他對此提出抗議，並依理反駁了對方，可對方竟大吵大鬧起來。這時，有位任課老師正經過此地，將他們勸解開了，但老師一味訓他，反倒安慰那個同學，並衝著他說：「不好好讀書，只知道玩！」過去，他不怎麼介意學業成績不好的問題，這時他意識到問題的嚴重性，並由此產生自卑感。但是，同樣的心理創傷，並非所有的人都會產生自卑感，因為心理創傷並不是完全起因於外部的刺激，而還有其主觀原因——性格。

自卑感較強的人一般具有以下幾種性格特徵：小心、內向、孤獨和偏見、完美主義。更需指出的是，現代社會是個充滿競爭的社會，「出人頭地」的風氣越來越盛行，這也是造成某些人自卑的重要原因，自卑感往往就在類似入學考試、錄用面試、體育比賽等比試優劣的場合產生。

一個人為什麼會自卑呢？

心理學家的解釋是這樣的：當自己的形象遭到威脅或破壞時，如果找不出一套比較滿意的破解或補償方式，便容易失去自信而自卑。

日常學習、生活、交往和工作中，一個人自卑感的形成通常是由下列因素或原因造成。

（1）勢力操控

指一個人淪入操控的陷阱之中，只好用逢迎巴結的模式來應付周圍，這種人沒有太多的自由度和發展空間，從他們的內心來講，無力也無法建構自己的信心，比如：被慈禧太後操控的李蓮英，被總統操控的政客，被老闆操控的下屬等。

現實生活中，強勢上級與劣勢下屬容易建構操控關係，這就不僅使得屬下無法一展才華，而且會使下屬工作散發出來的成就感散失。

專制霸道的父母就很容易養出缺乏信心的孩子。

(2) 過度依賴

研究指出，人的生命歷程中，假如時時刻刻都有一位無所不在的保衛者，那麼對於自信的形成是非常不利的，這種情形容易造成自卑。

比方說，在男人至上或者男性主義的社會裡，女性常常不由自主地淪為依賴關係中的被保護者，她們的自信來自男人的給予，這樣的關係體系，女人很難成就自己的信心，因而只好落入自卑的泥潭。

(3) 過多責難

心理學家做過一個白鼠實驗：把白鼠置於通了電的籠子內，持續不斷地通電，初期還活蹦亂跳的白鼠會漸漸地失去鬥志，然後軟癱在角落裡。

心理學家解釋這種現象為「無力感」，也就是所謂的「信心崩絕」。

一再被責難的人，即使是優秀者，自信也會毀滅。心理學家發現，從來沒有任何人可以抵擋一而再、再而三的信心毀損。

在我們的社會裡，這樣的例子不勝列舉：考了93分的小學生，仍會飽受懲罰；工作稍有閃失，就會挨老闆的訓斥；夫妻之間的溝通充滿相互指責。

這種方式，彷彿設下一處很高很高的門檻，使人無力跨越。高門檻與高挫折的對應關係是心理學上不變的真理，這樣的輪迴，容易毀掉信心形成自卑。

心理學家的研究早已發現，過多的責難，最易使人自卑。

（4）完美主義

完美主義傾向，是造成人在生活中容易自卑的一大重要因素。一是，完美主義的人常常會出現錯置的假象，以為自己很行，過度地膨脹自己的能力，以為自己處於領先可以永遠「天下無敵」。為了保持這種假象，只好加倍努力，這種一味只管埋頭加倍努力的行為可能會加倍地傷害到自己。這種傷害的結果以自卑而終。二是，愈要求完美的人往往愈不完美，問題在於所有的完美中都有一些不完美，可是，他們偏偏又無法容忍一些不完美的狀態，於是，極易造成一個人嚴重的內心困頓和心理障礙，自卑由此乘虛而入。

（5）走入極端

在現實生活中有這樣一些人，自己的實力比較低，但總想做一番驚天動地的事，因此非常害怕失敗，總擔心實現不了，特別地緊張和苦惱。這類人受到了幾個不大不小的挫折之後，就會很「受不了」，所持的抱負感就會從一個極端走向另一個極端，形成了自己什麼都不行的自卑心理。

還有一些人不太注意克服自己性格中的弱點而發展成為自卑心理。譬如，有的人過於羞怯，性格非常內向，膽小怯懦，從而形成了自卑心理；有的人因過分地利己，不願與他人交往，形成了自卑心理；有的人則是因為保守，謹小慎微，性格狹窄，優柔寡斷，總是為一些區區小事而困惑，產生了自卑心理。

（6）身心缺陷

有的人之所以具有極強的自卑心理，則是由自己身體上或心理上的缺陷或殘疾引起的。例如，一般來說，殘疾人因為自己肢體的「不自由」而被限制了活動範圍，限制了能力的發揮，或者因為殘疾而破壞了身體的容貌，破壞了自己的形體美，因而對世界和周圍的人產生多疑，總認為周圍人在嘲笑自己，看不起自己，自卑心理極強。再如，有的人患有口吃的毛病，怕被他人笑，因而不敢說話，時間一長，也就患上了嚴重的「自卑病」，而且越是自卑，就越是害怕，口吃就越是嚴重。

(7)傳統影響

我們的傳統文化不怎麼太喜歡個性很強的人，不怎麼太喜歡愛好挑戰、競爭的人，不怎麼太喜歡表現自我的人，不怎麼太喜歡……相反地，對那些循規蹈矩的人，對那些服從聽話的人，對那些恭恭謙謙的人，倒是異常地寬容和認同。於是，在這種文化氛圍下，人們變得越來越「謙虛」，越來越「約束」自己，越來越將這一信條要求自己、要求他人。

一般來說，人的太強的自卑心理是在上述多種因素作用下發展、形成的。

2 自卑行爲的幾種表現形式

當一個人自卑的時候，會有一些或引發一些自卑行為，這些行為往往會透過一定的形式表現出來，以下6種是常見的自卑行為表現形式，其中有消極行為，也有積極行為。

(1)孤僻行為

由於感到處處不如別人，學習、生活與工作中的行為就變得謹小慎微、冷漠、內向、孤獨，像蝸牛一樣，表現出明顯的不合群，喜歡獨來獨往，過著離群索居的生活，不喜歡溝通，不喜歡交往，缺乏團隊合作精神。

在工作中或人際交往時，他們往往採取迴避的態度，因而常常得不到他人的重視而默默無聞。

(2)屈服行為

由於內心缺乏一種自我的力量，因此，害怕競爭，隨遇而安，遇到侵犯也是聽之任之，表現得逆來順受，對他人的要求讓步，受人左右，隨波逐流，不敢表達自己的主張、觀點和感受，內心懦弱，這些都是典型的屈服行為。

平常的語言表達有：「對不起，占用了你寶貴的時間，可是……」，「這僅是我的觀點，但……」

說話時猶豫不決、輕聲輕音、目光不敢正面接觸、扭手、有時雙臂還交叉胸前等。

屈服行為明顯的人，常常會得不到應有的職務晉升而具有懷才不遇之感，他們的一些聲音往往被自信心強的人所淹沒。

(3) 粗魯行為

當一個人自卑感強烈的時候，如果採取屈從行為不能減輕自卑之苦的話，就會轉為好爭好鬥的粗魯行為方式，具體表現在(很多表現在語言上)：

只顧提出自己的要求、感受和主張，而輕視他人的觀點(如：「你做不做這件事？不做就拉倒！」)；

脾氣暴躁，動輒發怒，出現問題或失誤時一味責怪他人(如：「你還有什麼不相信的？這不是我的錯！」)；

採取諷刺、不友善的態度(如：「那是個傻子才做的事！」)。

有些還表現出處處抱怨、講話的聲調高而刺耳、用手指指點點、拍桌子等。

(4) 滑稽行為

滑稽容易引人發笑。扮演一個滑稽的角色，用笑聲來掩飾自己內心的自卑，這也是一種自卑行為的表現方式。

最有代表性的是形象特別的喜劇演員，例如：美國著名的喜劇演員費麗絲·蒂勒相貌醜陋，她為此非常自卑，於是，運用笑聲以掩飾內心的自卑。

(5)否認現實

因為自己瞧不起自己，於是破罐子破摔，試圖採取否認現實的行為來擺脫自卑，比如借酒消愁等。

(6)補償行為

自卑並非一無是處，有些人會把自卑感化為一種向上的助力，換成一種事業的能量。心理專家經研究發現，自卑感較強的人，往往戰鬥力和忍耐力也較強。

一般而言，弟弟比哥哥還要有戰鬥力，那是因為從小時候開始，弟弟就處於一直認為自己比哥哥差的處境而長大的。

因自卑感而變得性格內向倔強，轉而成為一種發展的力量，這在心理學上稱為「補償作用」。

補償是一種心理適應機制。一個人在適應社會發展的過程中總會有一些這樣或那樣的差距。為了克服因為這些差距引起的自卑，於是，就有一種不斷尋找辦法（比如透過發憤努力等）彌補自己弱點、縮短差距的社會性傾向，這就是補償行為。

補償行為也叫移位行為。為了克服自己生理上的缺陷或能力上的某些不足，因此，著力發展其他方面的長處和優勢，以此來趕上或超越他人。

一個人因生理的機能性缺陷往往會具有強大的補償功能，對於意志特別堅定的人，這種生理的補償功能會進一步發展到心理的補償功能。專家發現，現實生活中，自卑感越強的人往往這種補償心理也就越強。正是這種因為自卑而產生的補償行為成了許多人創富的動力，這些人比一般人更努力、更刻苦，一心想以此克服他們的弱點，結果培養出超群的能力。比如有人視力有障礙，其聽覺、觸覺和嗅覺就特別靈敏；有人因車禍失去了雙手，經過反覆磨練之後練就了用腳寫出漂亮書法；有人因生來就矮小，但透過博學而使自己強大了起來；有人小時候孱弱，長大後反而成了有名的大力士；有人從前不善於行走，後來成了創長跑紀錄的飛毛腿；有人患過小兒麻痺症，卻成了芭蕾舞明星等等。

事實上，幾乎所有偉大的天才都並非天性自信的人，相反倒有幾分自卑，他們知道自己的弱點和缺陷，但是他們並沒有一再為這些弱點和缺陷而苦惱，而是在認清自我的基礎上發憤圖強，用力補償，結果反而有了令一般人吃驚的業績。

貝多芬小時候的聽覺就有機能性的缺陷，28歲時已經聾得很厲害，32歲的時候如果不用耳筒，連整個樂隊的聲音都聽不清楚了，可就在那年他寫出美妙的《第二交響曲》，耳朵全聾之後又寫出更優美的《英雄交響曲》、《月光奏鳴曲》和《第五交響曲》，他一生全聾了25年，最後還寫出不朽的《第九交響曲》。

看來，補償行為是自卑感產生之後對人最有幫助和最有意義的一種行為方式。

3 自卑心理過強的人的特徵

(1) 缺乏活力和進取心

自卑心理過於強烈的人往往是一些缺乏活力、缺乏進取心的人。自卑心理強的人沒有自信心，生活無精打采，甚至失去了生活的勇氣，經常莫名其妙地「苦惱」於自己的「無能」和「不行」，甚至自己行也認為是不行。這類人在接受工作時，總顯得猶猶豫豫，而且經常是大談特談困難和自己的無能，一直談到對方感到對他「不放心」，甚至「再也不想給他工作為止」。這類人因為自卑心理太強，故而沒有什麼工作魄力，膽子太小，什麼事情都做不了主，什麼事情都要「請示」和「彙報」。這樣做的必然後果是：大大地增強了他人對他的疑問：「他究竟行不行啊？」這類人還有這樣一個特點：亂發脾氣，有時明明自己不行，也不知道從哪裡來的一股勁，偏偏要去做，結果呢？往往將工作搞得很糟很糟。有時，還因為出於極強的自卑心理而做出某些出人意料之外的極端的行動：如傷害他人的犯罪或傷害自己的自殺。

(2)性格內的疑心重

自卑心理過於強烈的人一般都比較內向，懷疑心強，「心眼」都比較小，因而容易產生人際之間的矛盾和隔閡。一般來說，自卑心理極強的人不僅氣量很小，而且他們的「自尊心」要比一般人異常的高。這類人，他自己可以認為自己「不行」，卻不允許他人說他半個「不行」，否則就「不答應」，因而容易猜疑他人，經常去捉摸別人對他的態度：「是不是又在那裡說自己不行了？」「是不是又在『討厭』自己了？」「對方為什麼要對我說這種話（實際上，在很多情況下對方是無意說的，根本沒有任何壞的動機）？」等等。因此，由於這種好猜疑（經常是無事生非）的心理作怪，弄得他人「左也不是，右也不是」，最後，為了減少麻煩和不必要的不愉快，只好「心一橫」還是與他少接觸為妙。一般來說，自卑心理極強的人是不怎麼會處理人際關係的，有時顯得很蠢笨，有時會弄巧成拙，搞得自己相當被動。

（3）害怕與人交往

自卑心理過強的人還具有不少的消極心理，妨礙與他人的人際溝通。自卑心理極強的人往往害怕與人交往，嚴重的還患有一種人際恐懼症。這類人的嫉妒心理還很強，生怕他人成功，他人一成功，就「眼紅」得要命；這類人還經常有一種「逃避反應」，有意無意地躲開他人，時間一長，也就無法提高自己與他人交往的能力。

4 自信心：驅除自卑的靈丹妙藥

一個人的改變總是由內而外。每個人都守著一扇由內向外開啟的大門，徹底的改變一定與內在堅定的信心有關。當內在的自信慢慢變得堅定的時候，以下的提示將有助於你有效地樹立起自己的自信心。

(1) 盡量坐在前面

坐在前排，是培養自信的一個好方法。

坐在前面比較顯眼，沒錯！雖然坐在前排較醒目，但是別忘了想不醒目而成功是不可能的。成功本身就很顯眼，引起別人注意可以增強你的心理承受能力。

任何集會的時候，後面的座位都會先坐滿。這個現象相信你也親自體驗過。大部分人喜歡坐在後面，或許是因為不願意太顯眼。可要知道，這種態度只會使他自己顯得畏縮不前、信心不足。

請你從現在起，在參加各種集會時盡量以坐在前排為原則。只要走入人群，就坐到人群的最前面去。如果你能養成自動坐到前面的這種習慣，那麼，這種習慣會帶給你無限自信。

(2) 注視對方的眼睛

當對方不敢注視你的眼睛時，通常表示著：「我在你身旁，感到自己無能為力，我在你面前感到自卑、渺小。」逃避對方眼睛的人說：「我害怕，我沒自信。」所以你不妨直視對方眼睛，以克服這種恐懼的心理。

凝神注視對方，等於告訴對方：「我是正直的人，對你絕不隱瞞任何事情。我對你說的話，是我打心底裡相信的事情。我沒有任何恐懼感，我對自己充滿了信心。」

(3) 用新的姿勢走路

動物的走路姿勢是一種重要的形體語言，它會洩露出內心的狀態，反過來也會影響到心理的反應。在動物世界裡，野兔在樹林裡左顧右盼，竄來竄去，膽顫心驚，顯得很不自信；而獅子的出現從來就是從從容容，如入無人之境，那份自信讓野兔望塵莫及。

身為高級動物的人更是如此。有的人走起路來低垂著頭，慢吞吞的，看上去弱不禁風；而有的人走起路來挺胸抬頭，矯健有力，給人的感覺是神采奕奕。

心理學表明，當一個人不自信的時候，會造成走相的不自信，同時，一個人走相的自信反過來也會引導內在的自信。

因此，建議不妨經常改用一些新的姿勢走路，這對自信形象的樹立既簡單又有效。

比如，你可以比別人快20%的速度走路，一個人的步伐的加快將大大地促進自己心態的調整和改變。

走路比一般人略快的人，等於告訴所有的人說：「我正要趕到有要事待辦的地方，我必須去做很重要的事，不僅如此，我要在到達之後15分鐘內把那件事辦成。」步伐緩慢則顯得懶散，給人的感覺是個意志消沉的人，而那些不緊不慢、步伐適中的人好像在說：「我實在是平淡無奇，沒有什麼值得自豪的。」

走路姿勢是你是否自信的外在表現，因此，如果你自信，不妨時刻提醒自己：抬頭！挺胸！走快點！步伐邁大點！

（4）主動發言

有許多思想敏銳、頗具才幹的人，不喜歡討論事情，並與他人難以相處。這並不是說他沒有那份能力，問題是他缺乏信心。

在會議上或交談時，你必須養成主動發言的習慣，抓住任何一次發表自己見解的機會。千萬不要這樣想：「也許我的想法和觀點一文不值，如果得不到贊同或者說得不好，別人會覺得我差勁，我還是什麼也不說好了。」這樣的憂慮與放棄，只會加深在別人看來自信不夠的印象，這對自己的形象是非常不利的。其實，你越能主動發言，熱情與自信也就越能「如影隨形」，有增無減。

當你自告奮勇地發言時，你的自信力一定會增加，說起話來也就越容易了。你最好踴躍地發言，因為這是培植自信的維他命。戴爾．卡內基非常倡導以「主動發言、練習講話」這種生活化的訓練方法來幫助缺乏自信的人建立自信，效果十分理想。

(5) 常帶微笑

「微笑會給人帶來自信。」微笑雖然是自信缺乏者的特效藥，但是許多人卻不相信這句話，在他感到恐懼時，絕不微笑。事實上，微笑能給自己帶來自信，祛除恐懼與煩惱，擊碎意志的消沉。微笑能喚起對自我的認同，當你微笑時，說明你看重自己和自己的狀態，對自己感到滿意，這將有助於你更上一層樓；你微笑，在別人看來你是一位大方開朗的人，無形中會讓對方產生好感並吸引對方，由此更能贏得別人的尊重。此外，微笑不只是治療感情的特效藥，更有同化他人反對意見的魔力。假若你給予對方衷心的微笑，只此一點，就已使任何人無法對你發怒了。

5 克服自卑心理的有效方法

心理學家認為：一個人如果自慚形穢，那他就不會成為一個美人；如果他不覺得自己心地善良，即使在心底隱隱地有此種感覺，那他也成不了善良的人；如果他不相信自己的能力，那他將永遠不會是事業上的成功者。很難想像，一個缺乏自信心的運動員能夠登上世界冠軍的領獎臺。正如拿破崙說的那樣：「預設自己無能，無疑是給失敗創造機會。」從這個意義上說，樹立自信心是戰勝自卑感的根本方法。心理專家在生活中發現，只要做到以下「四個正確」，就能克服自卑感，樹立自信心。

(1) 正確評價自己

每個人都有自己的弱點和短處，也都有自己的優點和長處。我們顯然不能因為自己某一方面的能力缺陷就懷疑自己的全部能力。我們不僅要看到自己的不如人處，還要看到自己的如人之處和過人之處，這才能正確地與人比較。按照社會心理學上的歸因理論，人們在日常生活中，常把失敗得失歸之於某種原因。許多人的自卑心理，實際上就是由於歸因不當造成的。

(2) 正確表現自己

自卑感往往是在表現自己的過程中，由於受到挫折，對自己能力產生懷疑。所以，除了正確評價自己以外，還要學會適當地表露自己的才能，對自己提出適當的要求。自卑是同失望形影相隨的，或者說，自卑是在失望的基礎上產生的。為什麼自己會看不起自己呢？因為自己對自己失望透了，簡直有些絕望了。人的失望情緒，又是同人對某件事情的期望程度相關的。事先的期望值越高，事後因結果不理想而產生的失望程度也相應越高。所以，我們無論做什麼事情，都不能操之過急，也不能一下子要求過高。比如你沒有在大庭廣眾之中發過言，第一次在許多人面前講話，就不能把發言效果設想得很好。這樣即使失敗了，也不會過分失望。

心理學家建議，自卑感強的人，不妨多做一些力所能及、把握較大的事情。這些事情即使很不顯眼，也不要放棄爭取成功的機會。任何成功都會增加人的自信，對於自卑的人來說，尤其如此。而且，任何大的成功，都蘊積於小的成功之中。只要循序漸進地鍛鍊能力，自信心就會取代自卑感，這是合乎邏輯的結果。

（3）正確補償自己

補償是人的天性。常言道「盲人耳聰」，說明失明的人，耳朵特別靈，以聽補盲，就是這個道理。人不僅具有生理上的補償能力，還可以進行心理上、才能上的補償，當然，補償應該是積極的。有的人自嘆能力不如別人，卻巴不得看到別人失敗受挫甚至犯錯誤，這是一種幸災樂禍，是一種消極補償，當然是不可取的。

（4）正確地面對人生

每個人要學會看清事物的本質，樂觀向上，對生活、前途充滿信心。具有自卑心理的人總是過多看重自己的不利、消極的一面，而看不到有利、積極的一面，缺乏客觀地、全面地分析事物的能力和信心。這就要求我們學會見微知著，而不被暫時的、表面的現象所迷惑。青年朋友只要客觀地分析自己有利和不利的因素，樂觀向上，對前途充滿自信心，並積極進取，就不會因暫時的挫折而產生自卑心理。

二、力戒依賴：我的人生我做主

1 自立的心燈爲什麼微弱無光

你自立的心燈之所以微弱無光，是因為你有很強的依賴心理。依賴心理指的是這樣一種情況：個體處於自己無法選擇的關係之中，被迫做違心的事，雖然他也討厭被迫行事的方式。人為什麼會產生對他人的依賴心理？心理學家經過研究發現，產生依賴心理的原因主要有以下幾個方面。

（1）教育失當引起的心理依賴

在精神上受到撫慰會給人一種美妙的感覺，因為人性中有它的弱點，如怕承擔責任、願意受到保護、貪圖安逸等。人有能力不及和脆弱的時候，需要一個「權威」來解決生活中的難題，為其出謀劃策，並對可能出現的結果負責。這一點在孩子身上尤為突出。孩子是軟弱的，他們需要家長及老師的保護和指導。在孩子眼中，家長尤其是老師是非常重要的人物，他們的批評和讚許都是至關重要的。孩子為了得到老師、家長的讚許而做某些事，這是對兒童進行教育、培養的契機，是一個人社會化的必然過程。值得提醒的是，教育培養兒童過程中，不要忘了對兒童獨立性的培養，一味地教育孩子聽話、學乖，會抑制獨立性這一可貴的特質。孩子會認為，別人比自己重要；別人的意見是對的而自己的意識只能是錯的；生活中別人的接受和讚許勝過自我的獨立；人與人的交往是一種主從關係、依賴關係。

（2）自卑心理產生的依賴

有些人有較重的自卑心理，認為自己不如別人，如知識貧乏、能力不強、笨嘴拙舌，因此在與人交往中不自覺地把自己放在配角位置，心甘情願地接受別人的支配。當然在依賴中也得到了某些好處，如不再孤單，感到有了「靠山」，自己的一些行為（為迎合他人而做）受到讚揚，這些對自卑的人是非常有誘惑力的。代價是喪失了自我的獨立性以及由於屈從而引起的內心的矛盾和痛苦。

（3）保持服從、依賴地位的若干「好處」的推動

①透過依賴，你可將自己的缺點歸咎於他人。

②當你依賴他人時，就不必花氣力、冒風險去改變自己。你可從依賴中獲得安全感，因為別人會替你做主。

③你會對自己滿意，因為你可以取悅於人。你知道自己要高興，就得先讓媽媽高興，於是，許多像媽媽那樣的人物正在控制著你。

④你無須為自己有主見的行為而內疚。安分守己要比消除內疚容易得多。

⑤依賴可以使你處於他人的保護之下，使你像幼兒那樣，不必對你自己的行為負責。

⑥你無須自己做出選擇或決定。你可將自己所依賴的父母、伴侶或其他人作為楷模。你只想他們所想、憂他們所憂，就不必費力獨立思考或決定。

⑦做盲從者比做領頭人更為容易。別人叫你做什麼就做什麼，保準不會出差錯，雖然你可能不喜歡充當盲從的角色。盲從也比獨立行事更為簡單，而且沒有任何風險。依賴之所以具有很大的挫敗性，是因為它使你性格不夠完整，精神上不能獨立。依賴別人是很容易的，這的確不假。

2 依賴心理的種種表現

（1）在人際關係上不會選擇

健康的、平等的人際關係是具有選擇性的，這種選擇效能使人得到友愛及獨立性。而只要存在著心理上的依賴性，就必然不會有選擇，也就必然會有怨恨和痛苦。一旦你覺得需要別人，離不開別人，你便成為一個脆弱的人。也就是說，如果你所需要的人離開了你、變了心，那麼你就感到被人拋棄，茫然不知所措，精神極為痛苦，甚至崩潰。依賴別人（如父母、師長、領導、朋友等）的人，會把別人看得比自己重要，期待著別人的安撫與讚許，會自覺不自覺地迎合別人的意願說話、做事，以取悅對方，而將自己置於依附的地位，這樣就喪失了自我，事後會感到怨恨，心中不平，而不如此又感到內疚和不安。

（2）在求職擇業上沒有主見

依賴心理在求職擇業中又具體表現為兩種傾向：一種是依賴大多數的從眾心理，自己缺乏獨立的見解，不是從自己的實際情況作出切合實際的選擇，而是人云亦云，見別人都往大城市、大公司擠，自己也跟著湊熱鬧；另一種是依賴政策、依賴他人的傾向，而不是主動選擇，積極競爭，這種心態也是與激烈競爭的社會現實格格不入的。

（3）不願意承擔責任

一切依賴政府，向政府索取一切的心理，是現實生活中人們的一種心理習慣。當人們所依賴的舊體制面臨動搖時，要求人們擺脫對政府、對團體的依賴性，在獨立奮鬥中擺脫貧困、在競爭中求生存，一些人便表現出極度的困惑、恐慌和不適應。政府政策對人民實行多方面的社會保障制度，使人們不願多承擔責任，不願自己冒風險。一旦發生的事實與這些舊做法、舊趨勢相違背，一些人就產生了嚴重的心理障礙。

（4）缺乏自理能力

依賴可以是物質上的，亦可以是精神上的；可以是單向的，亦可是雙向的。無論是物質上的依賴，還是精神上的依賴，如果這種依賴過分強烈，或僅是停留在某一幼小年齡的依賴內容上，這種依賴關係就會影響一個人的成長、成熟，妨礙一個人的心理健康。一旦這種關係終止，則依賴者在以後的成長道路上會出現一些心理反應，甚至以某種生理症狀出現。心理反應主要是情緒上的，而生理反應則表現為身體的某種不適，如頭痛、腹痛、哮喘等。長期不正常的依賴關係，會使依賴者心理發育停滯甚至倒退，生活自理能力差，缺乏自信、不能承擔成人角色。

3 你是否具有依賴行爲

心理學家列舉了具有依賴行為的具體表現形式，如果你也有其中的表現，那麼你也就有依賴行為。

（1）覺得不能離開父母，或雖已離開，但雙方都感到內疚不安。

（2）覺得有義務經常看望父母，給他們打電話或陪他們出去玩。

（3）不管做什麼事，都得徵求另一半的同意，如花錢、說話或使用汽車都得看對方的臉色行事。

（4）侵犯隱私權，包括檢查孩子的抽屜或翻閱他們的日記。

（5）說這樣的話：「我絕不能告訴他我對他的看法。他會不高興的。」

(6)父母或另一半去世後，憂鬱消沉，一蹶不振。

(7)把自己束縛於某一特定工作，從不敢發揮自己自由選擇的能力。

(8)不切實際地期望另一半、父母或孩子應當如何如何。

(9)一生中總在為某項工作或某一職位進行訓練和準備，卻不再努力一下去實現獨立自主。

(10)因別人的言語、觀點或行為感覺自尊心受到傷害。

(11)只有當另一半和你一樣覺得高興或有所作為時，才覺得幸福或具有成就感。

(12)總是聽從別人的調遣，而不問自己的意願如何。

(13)遇事讓別人替你拿主意，或總是先徵求別人的意見再做決定。

(14)由依賴性而產生的義務：「你欠了我的情，你想想看，我給你做了多少事情。」

(15)因另一半患了重病或去世，而痛不欲生，喪失生活的勇氣。

4 以堅強的獨立精神戰勝依賴

性格的獨立性，是對人們在智力活動和實際活動中獨立自主地發現問題和解決問題的能力而言的。在這一特質方面，具有獨立性格的人，遇事總喜歡自己動手，自己思考，能夠標新立異，自圓其說，對傳統的習慣、陳腐的觀念採取懷疑和批判的態度；而具有依賴性的人，則總是循規蹈矩，人云亦云，缺乏自立和主見。在性格特質體系中，對創新影響力最大並作為基礎和歸宿的，便是獨立性。

具有獨立性格的人，必然也具有創新意識。他們重視書本，但並不迷信書本；尊重權威，但不迷信權威。他能在掌握已有的經驗基礎上，標新立異，自圓其說。

而那些缺乏獨立性的依賴心理者，都缺乏自信，極少冒險，不肯探索，也不喜歡變更與回饋，他們在簡單的工作中或許表現還可以，但是，他們是永遠不可能獲得高峰經驗的，也體會不到巨大成功的喜悅。漢字雷射照排技術的開創者王選院士曾說：「在科學上要有所成就，就絕不能總跟在別人後面，而要處處爭取領先。」

事實上，心理學家指出，由於人自身的惰性和不自信在作怪，每個人都有某種程度上的依賴心理，以及附和傾向，而這是發揮創造力的最大障礙，所以，如果不甘平平庸庸，碌碌無為，那麼，你就要努力去抑制自己的依賴心理，而去培養獨立的性格。

培養獨立性，其實就是「自己能做的事自己做」和「獨立思考」。這些極簡單的文字真正行動起來卻並不容易。有許多人往往並不真正了解自己能做什麼，對於自身的潛能一無所知，於是，在困難面前不知所措，要麼畏縮不前，要麼尋求「外援」。克服依賴性、培養獨立性至關重要，要從現在做起，盡量更全面地了解自己，做自己力所能及的事。在此，有一些方法供讀者借鑑。

（1）從身邊小事做起，磨練自己的意志。生活中要求自己獨立處理日常事務，安排自己的生活。

（2）勇於嘗試，發掘自身的潛能。制定計畫，每週做幾件以前想做、但因各種原因而沒有做的事，如：騎車郊遊，應徵某一職務等。

（3）定期反思自己，學會獨立思考。一段時間的忙碌之後，靜下心來，審視自己近期的言行，參照過去加以評判，考慮一下今後一段時間的生活。

（4）逐步決定自己的事，檢查培養效果。慢慢學會獨立處理與自己關係重大的事，並以自己日常生活中處理問題的能力來評判自己獨立性發展的狀況。提倡獨立性，並不否定生活、工作中的合作精神，相反，現實中我們應力爭更好地依靠、充分利用團體的力量。「三個臭皮匠，勝過諸葛亮」，只有更好地借鑑、吸取他人的經驗，我們才更有可能在今後的人生路上取得更好的成績。其實，培養獨立性的實質在於，從日常生活的點滴小事中磨練獨立思考的能力，而不只是隨大流，盲目地跟著別人走，這種盲從常常導致我們個性的迷失。

5 培養獨立精神，從小做起

心理學家認為，培養獨立精神，克服依賴心理應從娃娃做起，做好三方面的工作：

(1)從小做起，家長注意言傳身教

家長是孩子的第一任老師，對孩子負有言傳身教的責任。如果家長希望孩子成為有較強自尊心、堅定自信心、精神愉快、有所作為的人，那麼自己首先就得這樣做人。因為在家中，孩子耳濡目染的是家長的所言所行。如果家長本身就常常內疚、怨恨、悲

觀、無所作為，還要一本正經地教育孩子不要這樣，那麼這種說教顯得蒼白無力，是不會有任何作用的。如果家長自慚自卑、缺乏自信，那麼將促使孩子產生同樣的自卑心理。

如果家長把孩子看得比自己更重要，總把孩子放在第一位，那麼，這實際上不是在幫助他們，而是在教他們把別人看得比自己重要，在生活中謙讓別人，自己則不求進取。家長應該明白，孩子不是靠家長的說教來建立自信，而是透過自己的言傳身教才能建立自信。家長只有把自己視為重要的、能幹的人，而不是總為孩子犧牲自己，才能讓孩子獲得自信和自尊。如果家長總為孩子做犧牲，那便是在向孩子宣傳犧牲行為。這裡所說的犧牲行為是指，認為別人高於自己、比自己重要、自慚形穢、尋求讚美的行為。

在人生發展過程中，家庭是一個重要的環節，但不應成為永久性的環節。當家庭成員準備實現心理獨立時，不要讓其由於背負著家庭的某種責任和義務而感到內疚和憂慮，而應讓其輕輕鬆鬆地離開家，走向社會。有些家長常當著眾人面批評自己的孩子，以示教子嚴厲；即使別人稱讚自己的孩子，也總是說「這孩子如何如何不成才」，以示謙虛。這實際上是對孩子不尊重，把孩子當成自己的財產，想怎麼著就怎麼著。這種武斷的態度只會使孩子長大後，對家長產生怨恨或內疚，認為自己什麼都沒做好，致使家長傷心。這樣的人怎麼會有堅定的自尊與自信？

應該說，人天性具有獨立的要求，兒童很早就表現出自己做事的願望。注重獨立的家庭認為，獨立的願望與行為是正常的，這種家庭不鼓勵依附與懦弱的心理，他們會把孩子當成朋友，尊重孩子的意願和選擇，不會因為孩子做了錯事而打罵他，而是注意尊重孩子的自尊心。對孩子真正的愛護是使其健康地成長，堅定、積極、達觀地對待人生。家長能把孩子當朋友看待，尊重並理解孩子的想法和選擇，孩子就能坦然地離開家庭去獨立生活，並能建立起健康的人際關係。否則，孩子就會內疚地離開家庭，並永遠對此感到不安，以致對以後的生活產生不良的影響。

(2)創造培養獨立性的良好環境

環境對一個人獨立性的培養影響重大，尤其是在心理成長發育期的學生時代，更需要一個良好的環境，來幫助學生們從小擺脫依賴。

現在提倡素質教育，學校教育中十分注重培養有知識、有能力、有良好心理素質的人才，這是可喜的現象。

教師應培養學生獨立發現問題、提出問題和解決問題的能力，鼓勵學生勇於發表自己的意見；對於羞於在眾人面前表示自己意見的學生，要多鼓勵，可先向他們提些簡單的問題，不是為了聽他們的見解，而是使他們感到自己也有發表意見的權利，自己並不比別人差，從而使他們樹立起自尊、自信。

教師應引導學生提問題，使他們參與到教學活動中來，擺脫單純的死記硬背的教學方式；可將某一現象提出而不急於下結論；可講些人們對該現象的種種嘗試，鼓勵學生積極思考。這樣既可使知識記得牢，更主要的是對培養學生的主觀能動性和獨立思考的好習慣是有幫助的。

(3)擺脫依賴，關鍵靠自己

如果你有較嚴重的依賴心理，那麼首先要從觀念上有一個正確的認知：獨立自強是人可貴的特質；而對人依賴則是心理健康不成熟的表現，於人於己都是有害無益的。你可寫些字條放在床邊或桌上，如「我已長大，是個男子漢了！」「別人能做到的，我也一定能做到！」以督促鞭策自己。同時分析一下自己依賴心理產生的原因。如果是由於自卑原因造成的，那麼你將自己的缺點和不足列出，同時不要忘了把優點和長處也一同列出，對能克服的缺點，如知識貧乏、辦事拖拉等制定個改進計畫；對不能改變的缺點如個矮、長相較差就接受它。你再留心分析一下別人的情況。其實，每個人都有缺點和不足，所不同的是對待它有積極和消極兩種態度。知道自己不足後奮起直追，進行補償，實現了超越，這時它是動力；知道不足後，怨天尤人，產生自卑則是消極的，是於事無補的。

如果你把與某人的關係看得很重，到了離開他就不知怎麼辦的程度，這時你所需要的是「依賴的需求」，而不是「與人交往的需求」。正常的人際關係是平等的，你認為離開了某人就活不了，可實際上離開了誰都能活。每個人都有潛能，只是你的心理失誤阻礙了潛能的發揮。你可先從小事做起，依照自己的意願做出做與不做的決定。暫時離開朋友，一人獨處或外出，享受一下孤獨，體驗一下人獨往獨來的感受。對於大事可徵求他人意見，但必須掌握一點：他人的意見僅供參考，自己可把各種利弊羅列出來，進行權衡，做出選擇，並對自己的決定負責。這樣就鍛鍊了你的自主精神。一旦從對他人的依賴關係中解脫出來，你就會有一種踏實、長大的感覺，就看到了自己的力量，找回了自信。生活屬於勇於進取、開拓的人。一旦你享受了自主、自立給你帶來的好處，那麼依賴被動、消極等待的生活方式就會遠你而去了。

6 自我消除依賴心理的處方

消除依賴心理，主要靠自我的努力。心理學家列出了以下自我消除依賴心理的處方：

（1）擬定一份「自我獨立宣言」，並向他人宣告：你渴望在與他人的交往中獨立行事，徹底消除任何人的支配（但不排除必要的妥協）。

（2）與你依賴的人談話，告訴他們你為何要獨立行事，並明確你出於義務而行事時自己的感受。這是著手消除依賴性的有效方法，因為其他人可能甚至還不知道你處於服從地位的感受如何。

（3）提出有效生活的五分鐘目標，確定如何在這段時間內同支配你的人打交道。當你不願違心行事時，不妨回答說「不，我不想這樣做」，然後看看對方對你這一答覆的反應如何。

（4）當你有足夠的自信心時，同支配你的人推心置腹地談一談，向他說明你有時感到受他支配、有時被迫屈從的屈辱感。然後告訴他，你以後願意透過某個手勢來向他表明你的這種感覺，比如說，你可以摸摸耳朵或歪歪嘴。

（5）當你感到在心理上受人左右時，告訴那人你的感覺，然後爭取根據自己的意願行事。

請記住：你的父母、另一半、朋友、上級、孩子或其他人常常會不贊同你的某些行為，但這絲毫不影響你的價值。不論在何種情況下，你總會引起某些人的不滿，這是生活的現實。你如果有思想準備，便不會因此而憂慮不安或不知所措，便可以掙脫在情感上束縛你的那些依賴枷鎖。

（6）如果你為支配者（父母、另一半、上級或孩子）陷入惰性，那麼即便你有意迴避他們，也還會無形中受人支配。

（7）如果你覺得出於義務而不得不去看望某個人，不妨問問你自己：別人若處於此種心理狀態，你是否願意讓別人來看望你。如果你不願意，那就應該「己所不欲，勿施於人」。然後，快找這些人去談談，讓他們意識到僅僅出於義務的交往是有損人的尊嚴的。

（8）下決心不再扮演服從的角色，做一個義務性工作、看看書、請保母照看嬰孩或者找一個薪水未必很高的工作。為什麼？因為只要你的自尊心得到提高，無論花費多少時間或金錢都值得。

（9）堅持不帶任何條件的經濟獨立，不向任何人報帳。你如果得向別人要錢花，便會成為他的奴隸。

（10）不要繼續發號施令，控制別人；不要繼續受制於人，唯命是從。

（11）承認自己有保持私密的願望，不必把自己的所有想法和經歷都告訴某人。你是獨特而與眾不同的，應該有自己的祕密。如果事事都要告訴別人，那你便沒有選擇可言，當然也就成了不獨立的人。

（12）讓孩子自己安排他的房間。給他一塊可以由他支配的地方，只要不影響健康，隨便他怎麼安排。從心理上講，孩子疊不疊被子沒有什麼關係，儘管你可能不這樣認為。

（13）在晚會上，不要老是陪伴著你的同伴，不要出於義務而一直陪著他。兩個人不妨分開去找別人講講話，晚會結束之後再聚到一起。這樣，你們會加倍地擴大自己的知識和見聞。

（14）要是你願意看電影，而你的同伴則想打網球，那麼就分頭各玩各的！兩個人多分開一會兒，這樣你們相聚的時候便會感到更加幸福、更加充實。

(15)不必總陪著你的同伴，你可以獨自一人或邀上幾個好友去短途旅行。這樣，旅行歸來時，你會更加喜歡你的同伴，同時也會珍視自己獨立行事的權利。

(16)記住：你沒有使別人高興的義務。別人自會尋求解脫和愉快。你可以在與別人的相處中得到真正的樂趣，但如果感到有義務讓別人高興，那你就失去了獨立性，就會因別人不高興而愁眉苦臉；更糟糕的是，你會以為是你使他不高興的。你對自己的情感負責，在這一點上人人如此，毫無例外。除了你自己以外，誰也不能控制你的情感。

(17)不要忘記：習慣並不是做任何事情的理由。不錯，你以前一直服從別人，但不能因此再繼續受人支配。

三、戰勝懦弱：張揚真我本色

1 懦弱，人性中剛強的「腐蝕劑」

人無剛不立，一個人要立身存命於世，就不可缺少剛強。而懦弱，都是人性中剛強的「腐蝕劑」。懦弱就是人們對某種事物或特定對象的膽小、畏縮。懦弱現象在我們的生活中非常普遍。這是因為，我們身為社會的一分子，不僅會因為生活中正面的直接威脅而感到懦弱，而且還會因為一些潛在的、並不一定成為事實的威脅而感到懦弱。這些潛在的威脅來自生活的各個方面，比如失業、婚姻破裂、健康不佳等等。

懦弱大多是由對未知事物的恐懼引起的；凡是無法預計、解釋和理解的事物都容易使人懦弱，這也正是兒童懼怕黑暗和陌生人的原因。在現實生活中，人們難免要碰到一些無法預測、無法避免、無法理解和解釋的事物。如果這些未知事物具有較大的危險性，那麼就會引發人們深深的恐懼。

懦弱性格的形成，一方面與遺傳因素有關。美國心理學家研究認為，容易產生懦弱心理的成年人中有40%與遺傳因素有關。

另一方面，懦弱是環境和教育作用的結果，例如有位心理學家研究發現如果父母在社交上是積極的，並在大眾面前經常露面，他們的孩子則傾向於較少懦弱；另外在家庭教育、學校教育中如果經常受到懲罰，且做出成績時得不到及時的獎勵，這種孩子也容易形成懦弱的性格。

懦弱的另一個原因是依賴和不自信。依賴性大的人喜歡替別人著想，他不是因為害怕而順從，而是為了討人喜歡。他認為自己是在主動地順從，是樂於助人，是樂於看到別人需要自己。由於過分替別人著想，難免忽視了自己的利益和愛好。著名的心理學家奧威爾在說到懦弱的來源時說：「懦弱來源於不自信，深深的不自信。」懦弱的人只能庸庸碌碌，忍辱負重地生活著，不敢抱怨，不敢抬頭做人。

懦弱的人為人處世處處陪著小心，遠離是非之地，生怕惹火燒身。他們之所以這樣做，無非是想保住自己既得的現實利益，這些利益包括自尊、權力、地位、財富等等。為了保住這點既得利益，懦弱者常常又表現出驚人的冷漠，他們抱著事不關己、高高掛起的態度，明哲保身，對惡勢力不聞不問，更不敢與之抗爭。冷漠的人可以對別人的生命流於疏忽，貌似保護了自己的生命，其實他已經放棄了自己的部分生命。這就是說，懦弱的人即使發現自己或他人利益受到侵害時，也只會抱殘守缺，而不敢奮起反抗，於是不管對方如何侵犯自己，依然堅持忍受。這樣勢必造成侵害者得寸進尺，變本加厲，有恃無恐。在侵害者看來，懦弱的人只會忍受屈辱，不會奮起反抗，所以自己不必付出什麼代價。

2 懦弱者的表現形式

（1）懦弱者胸無大志，目光短淺，凡事唯唯諾諾，見難就退，見危就避，凡事都過分小心個性懦弱的人，他們無論說話、做事，還是待人接物都顯得謹小慎微，縮頭縮腦，卑躬屈膝，總是怕做錯什麼，生怕樹葉掉下來打著自己的頭，不敢越雷池半步。由於過分擔心害怕，所以做起事來猶猶豫豫，效率特別低。對他們來說，最好的選擇就是盡量少做事，或者不做事。

再者，他們還意志薄弱、缺乏敢作敢當的勇氣，遇到突發事件就會驚惶失措。他們信不過自己，也信不過別人。他們不敢冒風險，不敢去和一切艱難困苦、邪惡勢力抗爭。不僅做事缺乏勇氣，而且毫無決斷力，只會一味承認自己低劣、錯誤、過失或失敗，並懺悔、自責、貶低，甚至摧殘自己。

（2）懦弱者對熟悉的事物和環境比較得心應手；但對於不熟悉的、未知的環境，顯得過分慎重，不願出頭露面懦弱的人缺乏創造力和冒險精神，凡是遇到新計畫、新挑戰，總會搬出各種理由來推遲實行，覺得這樣會減少風險，其實無形中就失去了很多成功的機會，因此，事業上往往無所作為，平平庸庸。

實際上人生就是挑戰，社會就是一個大運動場。在這裡，強者勝，劣者汰；強者打拚，弱者奮起。人人面臨著挑戰，同時也體驗著挑戰。只有不畏強手，勇敢地迎上去，接受新的挑戰，才能出奇制勝。

（3）有的懦弱者善於隱藏懦弱，還有一些人，雖然內心懦弱，但他們很會掩飾自己的膽小怕事，他們善於自吹自擂，借虛榮來標榜自己的大膽無畏。他們說起話來，振振有詞，似乎什麼人和事都不放在眼裡，並常常炫耀自己的成功和權勢，希望以此取得別人的信任。表面看來他們很自信，實際上卻是懦弱至極。他們是語言的巨人、行動的矮子。當需要鼓起勇氣、勇敢去做時，往往就立刻退避三舍，躲藏起來。不僅害怕做不好事，更害怕招惹麻煩。即便是不得不做的事，在做的過程中也是唯唯諾諾、戰戰兢兢，隨時擔心意外情況的出現。

（4）懦弱者善於忍耐，順從於命運，過往的傳統文化一直提倡忍耐，人們認為人際交往中的矛盾衝突是難免的，只有互相忍耐才能相安無事，能忍耐的人才能寬容別人，忍耐被用來衡量人的意志，能忍耐的人會被認為是強者。但是，忍是有限度的，過分的忍耐對人是極為有害的。「心」字頭上一把刀，這是人們對「忍」字的形象註解，這把刀是會戳傷人的心靈的。因為忍耐使人的情緒得不到宣洩，大量消極情緒會鬱結於心。人們誤以為時間久了這種情緒會漸漸消失，但實際上並不是這樣。未宣洩的情緒會埋在心裡，歷時幾十年也未必會自行消失，這些鬱結的情緒嚴重損害著人的身心健康。長期忍耐，會使一些人變得越來越懦弱，於是開始屈服退讓，這樣會被人欺負，不能捍衛自己應得的權益。長此以往，他們就會失去人本該有的喜怒哀樂，失去了享受生活的能力，會覺得無望，開始變得順從，崇尚宿命論，凡事皆認為是命中注定，減損自我覺察的能力及創造人生的能力，無力面對自己所面臨的一切，最終毫無幸福可言，甚而被人當成弱者來進行欺凌。

3 容易產生懦弱的「土壤」

人產生懦弱心理大致有三種情況：

第一種是周圍的人際關係發生變化時，新入學、轉校或調動工作時，四周都是不認識的人，你便十分緊張了。

第二種是「談虎色變」，由於經過一次在人前失敗過的體驗，所以你總是擔心：「再發生那樣的事可怎麼辦呀！」

第三種是自己有自卑感時，什麼自己長的不漂亮呀，不會說話呀等等，為了自己把自己束縛住，於是乾脆不出頭露面了。

把這三種情況作比較，就會發現其根源只有一個，就是不願意在別人面前出醜，希望別人認為自己有人緣。由於這種意識過於強烈，而把別人的存在看得過重了。在人前懦弱的人，實際上是自尊心很強的人。因為自己認為自己不錯，也希望別人高看自己，但是實際上自己表現的比較笨拙，往往不能如意。這種進退維谷的處境，使自己得出「還是躲開人好」的結論。

儘管如此，已經明白了怕見人的原因，怕見人的毛病還是不能改掉。這需要自己改變自己的勇氣。最好的辦法是毫不修飾；自己是怎麼樣就怎麼樣。如果一時拿不出這個勇氣，那就暫時忘掉自己，使勁盯著你眼前的人。這樣說，是因為怕見的人除了自己以外，其他的人都被看成了「別人」。所以他已區分不開每個人的面孔。記住，站在你面前的是和你一樣的人，說不定他正和你一樣緊張萬分呢？如果知道他們也有缺點和弱點，至少不會像以前那樣見人就怕了吧？

4 爲你的個性中融進「剛」性

心理學家提供的戰勝懦弱對策有以下幾種：

（1）重塑性格。任何人都可以養成堅強的性格，不過，軟弱人大多有內向的氣質，養成外向型堅強性格的確很困難。但是內向型堅強性格卻是可以鍛鍊出來的。內向型堅強性格有三個特點：不鋒芒畢露但有韌性；不熱情奔放但有主見；不強詞奪理但能堅持正確意見。

（2）堅持自己。弗蘭克林於 1951 年首先發現脫氧核糖核酸的螺旋結構，但因受到「強者」的責難，竟承認這個發現是錯誤的。後來有兩個科學家 1953 年重新發現並確認這一結構，最終獲得諾貝爾獎金。

由於不敢堅持己見，將本屬於自己的在生物學上劃時代的傑出發現拱手讓給了別人，多麼痛惜！戰勝懦弱的心理基礎是自己看得起自己，勇於堅持己見，尤其是面對飛揚跋扈的所謂「強者」的時候。

（3）勇於反擊。先是學會發怒。懦弱的人多沒有當眾發脾氣的體驗，而習慣於沉默忍受。堅持己見，就要勇於適時發怒。雖然有一定難度，但可以逐漸學起。你可以選擇經常粗暴對待顧客的售貨員為對象，準備好「臺詞」：「這樣對待顧客，太不像話，豈有此理！」說罷，儘管揚長而去。

（4）直接反駁。懦弱者對於別人的誤解與無端的責難總習慣妥協。戰勝懦弱就要學會直接反駁，絕不妥協。

（5）行為武裝。心理學也認為，改善行為可以改善心理素質。你如果懦弱，就從行為上這樣武裝自己：

①遇見你有點害怕的人，不要繞道走，直接迎著對方過去；

②身體站直，挺起胸膛與對方講話；

③講話時盯住對方的眼睛，開始做不到，就先盯住他的鼻梁；

④聲音洪亮，如果對方聲音超過你，就突然把聲音變輕；

⑤保持對話時的沉默間隔，不要急不可耐；

⑥不輕易用「對不起」之類的話。

這樣就強化了自己的行為，你會感到自己突然變得堅強。

（6）加強獨立自主能力的培養，不要過分追求安全感，放下思想包袱。

（7）走向社會，走向人群，多和別人交往，特別是與性格比較開朗的同齡人交往。

(8)依靠個人的努力，積極克服自身存在的弱點，避免因懦弱所造成的心理緊張，消除消極的自我逃避式的心理防禦。

5 克服懦弱的多個技巧

(1)直接迎著別人走上去，好像他欠了你的錢。

(2)訓練自己盯住對方的鼻梁，讓人感到你在正視他的眼睛。

(3)開口時聲音洪亮，結束時也會強而有力。相反，開始軟弱，那麼閉嘴時也就軟弱。

(4)有時，為了在喧譁中讓別人聽見，有必要輕輕講話。

(5)學會適時地保持沉默，以迫使對方講話。

(6)會見一位陌生人之前，先列一個話題單子。

(7)熟記演講的首尾，那麼你從頭至尾都會口若懸河。

（8）想方設法接觸偉人。和比自己年紀大，比自己強的人交往。這樣，你會學到知識；同時還可以觀察強者的弱點和缺點，從而增強信心。

（9）不斷給自己出難題，不斷實踐克服懦弱的方法。

注意，這些只是竅門與法則。首先還需精通本職工作，有能力才會有信心，也才有自己身為一個人在社會上的價值。

6 克服懦弱的主要步驟

克服懦弱心理首先要樹立自信心。懦弱和自卑是緊密相關的，因認為自己不如別人而處於他人的威脅之下，產生懦弱。所以克服自卑，樹立信心是克服懦弱的主要方法之一。其次，勇於實踐，不怕失敗，不怕損失，勇於面對失敗，不要因害怕失敗而裹足不前，這樣才能置於死地而後生。如果你因某事而懦弱時，不妨設想即使出現最壞的結果又能如何？用這種大無畏精神面對現實，才能無往而不勝。在不斷的實踐中，你會發現自己的能力和水準，增加對自己的信心。再次，還應學會自我激勵和自我暗示，在面臨壓力時，透過自我鼓勵，激勵自己形成一種敢拚敢鬥的氣勢，還可透過自我暗示，如不斷告訴自己：「我很勇敢，無所畏懼」，達到鎮定情緒，培養鬥志的目的。另外，還可透過讀書，與他人交流，激勵自己，如海明威所寫的《老人與海》中那個硬漢老人的形象，就非常值得懦弱者效仿。

四、摒棄恐懼：面對命運的挑戰

1 勇於扼住命運咽喉的人

莫茨小姐是一位勇於扼住命運咽喉的人。她是紐西蘭一位建築商的女兒，於1983年移居美國，開始在休士頓一家電視臺工作，1990年起任CNN攝影記者。1992年6月，她被派往薩拉耶佛，那時那裡正是內戰戰場，曾有34名記者在那裡喪生。莫茨逗留六個星期後，已習慣周圍的流彈。一天清早，一顆子彈擊穿CNN採訪車的玻璃，正好擊中她的臉部。雖然沒有穿過致命的動脈，但卻掀掉了她的半邊臉，顴骨被打得粉碎，牙齒沒有了，舌頭被打斷。送到診所時，大夫們直搖頭，認為她不行了。經過20多次手術後，她又奇蹟般地回到了工作職位上。這時的她下顎仍無感覺，臉部還留著彈片，體重減輕了8公斤，令大家吃驚的是，這時她仍然沒有絲毫恐懼地對採訪記者說：「我已經要求重返薩拉耶佛，說不定我還能在那裡找回我的牙齒。」她甚至想認識一下當初襲擊她的槍手，「我會請他喝一杯，問他幾個問題，比方說當時距離有多遠。」

2 「我媽媽需要50美分」

在美國1850年代，某一天，黑人家裡的一個10歲的小女孩被母親遣到磨坊裡向種植園主索要50美分。

園主放下自己的工作，看著那黑人小女孩遠遠地站在那裡求著什麼，便問道：「你有什麼事情嗎？」黑人小女孩沒有移動腳步，怯怯地回答說：「我媽媽說想要50美分。」

園主用一種可怕的聲音和斥責的臉色回答說：「我絕不給你！你快滾回家去吧，不然我用鎖鎖住你。」說完繼續做自己的工作。

過了一會兒，他抬頭間看到黑人小女孩仍然站在那兒不走，便掀起一塊桶板向她揮舞道：「如果你再不滾開的話，我就用這桶板教訓你。好吧，趁現在我還……」話未說完，那黑人小女孩突然像箭鏃一樣衝到他前面，毫無恐懼地揚起臉來用盡全身氣力向他大喊：「我媽媽需要50美分！」

慢慢的，園主將桶板放了下來，手伸向口袋裡摸出50美分給了那黑人小女孩。她一把抓過錢去，便像小鹿一樣推門跑了。留下園主目瞪口呆地站在那兒回顧這奇怪的經歷——一個黑人小女孩竟然毫無恐懼地面對自己，並且鎮住了自己，在這之前，整個種植園裡的黑人們似乎還從未敢想過。

3 恐懼是人類最大的敵人

恐懼是人類最大的敵人。不安、憂慮、嫉妒、忿怒、膽怯等，都是恐懼的又一種表現。恐懼剝奪人的幸福與能力，使人變為懦夫；恐懼使人失敗，使人流於卑賤；恐懼比什麼東西都可怕。

恐懼能摧殘一個人的意志和生命。它能影響人的胃、傷害人的修養、減少人的生理與精神的活力，進而破壞人的身體健康。它能打破人的希望、消退人的志氣，而使人的心力「衰弱」至不能創造或從事任何事業。

許多人簡直對一切都懷著恐懼之心：他們怕風，怕受寒；他們吃東西時怕有毒，經營商業時怕賠錢；他們怕人言，怕輿論；他們怕困苦的時候到來，怕貧窮，怕失敗，怕收穫不佳，怕雷電，怕暴風……他們的生命，充滿了怕，怕，怕！

恐懼能摧殘人的創造精神，足以殺滅個性而使人的精神機能趨於衰弱。大事業不是在恐懼的心情下可做成的。一旦心懷恐懼的心理、不祥的預感，則做什麼事都不可能有效率。恐懼代表著、指示著人的無能與膽怯。這個惡魔，從古到今，都是人類最可怕的敵人，是人類文明事業的破壞者。

最壞的一種恐懼，就是常常預感著某種不祥之事的來臨。這種不祥的預感，會籠罩著一個人的生命，像雲霧籠罩著爆發之前的火山一樣。

許多人都有一種杞人憂天感，他們常常猜想著大不幸的臨頭：要喪財失位，要遭遇不測，要面臨火災水害。假使在他們的兒女離家出門的時候，他們的心目中一定會看到種種的災難——火車出軌、輪船沉覆——他們總是想到最壞的一方面。

世界上有許多人，在想像不斷的恐懼中生活。

恐懼會導致人的壽命縮短，因為它能損害人的生理機能，能改變人體各部分的化學組織，能使人早衰甚至早死。世界上不知有多少人，是被恐懼這惡魔冤枉地送入墳墓！它破壞了人類心理的平衡，造成了無數的人世間悲劇。

恐懼是害人最烈的，它對於人類，沒有絲毫的益處。一個滿懷著種種恐懼感的人，不是真正意義上的「人」。

拒絕你的恐懼，像拒絕其他種種可能對你有害的壞習慣一樣。我們可以用各種醫治良方——自信、勇敢、樂觀的思想——來抵消種種恐懼心理。不要讓恐懼深入你的心中，不要往恐懼的方面想。一有了恐懼心理，當立刻使出醫治良藥來，恐懼立刻會逃走。無論一種恐懼感怎樣「深入人心」，只要使出與它相反的方法，總是可以將它驅除的。

當不祥的預感、憂慮的思想在你心中發作時，你不應當縱容它們使之逐漸長大。你應當轉換你的思想，想到種種與它們相反的方面上去。假使你在擔心著正在進行中的事業的失敗，你不應當想到你自己是怎樣弱小無能、怎樣不堪重任、怎樣準會失敗，你應當盡量想著你自己怎樣強、怎樣有本領、怎樣在過去也曾遇見與此同類的事、怎樣利用過去的經驗應付現在的問題、怎樣預期得到成功！

若能抱著這種態度，無論是自覺的或不自覺的，你都可以步步向前了。

4 恐懼症是一種病態心理

有一些人，總是對某種事物或某種行為產生異乎尋常的恐懼感，雖然明明知道害怕得毫無理由，卻怎麼也控制不住自己。有的站在高處害怕自己墜落；有的不敢在無人的曠野裡行走；有的害怕獨處在狹窄的巷道或小屋裡；有的總覺得自己衣物不潔；還有的怕貓、怕火、怕水等。心理學家把這種病態心理，稱作恐懼症。

恐懼是人生命情感中難解的症結之一。面對自然界和人類社會，生命的程式從來都不是一帆風順、相安無事的，總會遭到各式各樣、意想不到的挫折、失敗和痛苦。當一個人預料將會有某種不良後果產生或受到威脅時，就會產生這種不愉快情緒，併為此緊張不安，憂慮、煩惱、擔心、恐懼，程度從輕微的憂慮一直到驚慌失措。現實生活中每個人都可能經歷某種困難或危險的處境，從而體驗不同程度的焦慮。恐懼作為一種生命情感的痛苦體驗，是一種心理折磨。人們往往並不為已經到來的，或正在經歷的事感到懼怕，而是對結果的預感產生恐慌，人們生怕無助、生怕排斥、生怕孤獨、生怕傷害、生怕死亡的突然降臨；同時人們也生怕失官、生怕失職、生怕失戀、生怕失親、生怕聲譽的瞬息失落。

日本作家堀秀彥說：「人擁有未來，可是無法由自己保證未來的發展，所以會過得不安。」晚上睡覺時，你鬆一口氣，心想終於平安地過了一天。其實在心安的背後，還隱藏著憂慮。有了鐵飯碗，就可以心安了嗎？有家庭醫生和常備藥，就可以高枕無憂了嗎？就算能擁有一切，也無法擺脫生的不安。——因為不安是生命的基本精神，是生活的標記。智慧高的人從生活中吸收種種養分，保持自己的純真；智慧低的人，從生活中吸收種種毒素，使自己的內心和面貌越變越醜。美國著名作家、諾貝爾文學獎得主福克納說：「世界上最懦弱的事情就是害怕，應該忘了恐懼感，而把全部身心放在屬於人類情感的真理上。」愛因斯坦說：「人只有獻身社會，才能找出那實際上是短暫而有風險的生命的意義。」

5 你爲什麼缺乏勇氣

心理學家認為，一個人之所以缺乏勇氣，產生恐懼，主要有以下幾方面的原因：

(1) 成人的恐懼心理往往與早期的生活經歷有關

有些父母經常用鬼神、毒蛇、野貓、老虎來威懾或制止孩子的「出格」舉動，雖然奏效於一時，但在孩子幼小的心靈裡卻播下了恐懼的種子。所謂不安全感，是指一種根深蒂固的潛藏著的懦弱，一種不敢直面人生，不敢面對現實，不敢對自己負責的恐懼。美國心理學家霍尼指出，如果兒童生活的環境不完善，沒有讓他體驗到充分的愛，兒童就會有一種不安全感。他往往會逃避社會，躲到自己的一個小小的世界中去，以求平安無事。

(2) 恐懼心理往往是缺乏科學知識，胡思亂

想而造成的有的學者說：「愚笨和不安定產生恐懼，知識和保障卻拒絕恐懼。」有的學者進一步指出：「知識完全的時候，所有恐懼，將通通消失。」古羅馬箴言說：「恐懼所以能統治億萬眾生，只是因為人們看見大地宇寰，有無數他們不懂其原因的現象。」宋朝理學家程顥、程頤認為：「人多恐懼之心，乃是燭理不明。」亞里斯多德說得更明確：「我們不恐懼那些我們相信不會降臨在我們頭上的東西，也不恐懼那些我們相信不會給我們招致那些事的人，在我們覺得他們還不會危害我們的時候，是不會害怕的。因此，恐懼的意義是：恐懼是由那些相信某事物已降臨到他們身上的人感覺到的，恐懼

是因特殊的人，以特殊的方式，並在特殊的時間條件下產生的。」顯然，恐懼產生於懼怕，但懼怕的形成源於無知，源於對已經歷或未經歷的事的不了解。

（3）心胸狹窄，也是產生恐懼的原因

人的生命如果在利益的圈子中打轉轉，思慮自己的利益太多，欲無常足，不時地將自己的生命慾望的渴求和滿足作為自己思考未來的前提，為自己的利益的占有或獲取而高興，為自己利益的失去或損害而憂傷，這就最容易在心理中產生恐懼的情感。

（4）許多恐懼都是圍繞著我們最珍視的人或物而產生的

你也許過於害怕失去親人或朋友，恨不得將他們緊緊抓在手裡；你也許過於想取悅父母或老闆，以致忘記了自己的需求；你或許過於憂慮老化，於是從穿著打扮到言談舉止，都模仿年齡比你小得多的年輕人；或許你必須與某些人打交道，而又非常害怕溝通不成功，於是內心緊張害怕起來。每當你試圖做與你個性不符的事情，或強迫別人接受某種他們並不認同的情感時，焦慮和恐懼便產生了。

誰也無法預料未來，比如什麼時候會發生地震，什麼時候會有戰爭，什麼時候發

生交通事故等，總之天災人禍隨時都可能發生，防不勝防，儘管你千方百計想盡預防措施，但該發生的事還是避免不了。所以，對那些意外發生的和必然要發生的事最好聽之任之，關鍵是把握好眼前的一分一秒。「車到山前必有路」，「船到橋頭自然直。」《聖經》中說「不要懷疑明天」，因此，把握好每一個今天，愉快地生活，就能迎來一個美好的明天，每一天的延續就構成了人的一生。把握住每一個今天，是我們無愧於人生的祕訣。

（5）害怕被他人和社會孤立或排斥，於是產生恐懼

一個人若長期被孤獨感所籠罩，會嚴重影響身心健康，心理會提前老化。加拿大心理學家赫布曾在 1950 年代做過一個實驗。他徵集了十幾位自願參加實驗的學生，讓他們分別單獨住在隔離室中，斷絕與外界的一切聯繫。儘管住的地方條件很好，並備有充足的精美食品，但參加實驗者沒過多長時間就感到煩躁不安，無法集中精力，並逐漸產生幻覺。於是一個個再也忍受不了孤獨的折磨，紛紛從與世隔絕的房間逃了出來。這說明人是極為害怕孤獨、孤立的，人的恐懼感也相當程度上是源自孤獨的。李商隱甚至寫詩說：「嫦娥應悔偷靈藥，碧海青天夜夜新。」認為連神仙都耐不住清冷寂寞，耐不住孤獨。為了戰勝這種恐懼，人們就渴望與他人相處，渴望友誼，試圖透過友誼來擺脫孤獨和恐懼，就像喬治·史蒂文森在《如何擺脫心理壓力》一文中所說的：「要獲得良好的精神健康，其關鍵在於以信任為根本的處世宗旨：相信我們自己和其他的人都有不斷改進和成熟的能力；相信人類有同心協力解決問題的願望與能力；相信精神和道德的價值以及人類基本的良知。這一信念能支持我們戰勝心理壓力而不為其摧垮。」

(6) 自我期待值過高，自尊心強，但缺乏自信心

是產生恐懼的主要原因恐懼是一種企圖擺脫危險的逃避情緒。引起恐懼的一個主要原因是缺乏處理可怕情境的力量或能力。這種人常常處於一種矛盾的心理狀態，既渴望成功，又害怕可能遇到的困難和失敗。因為人們普遍推崇成功，而把失敗視為一種恥辱，無論付出多麼大的代價也要竭力避免失敗。

實際上在失敗時，重要的是千萬不能把自己看作失敗者，因為一旦認為自己是個失敗者，就會自暴自棄。這樣就必然看不到生活的意義；誰把自己看作是一個失敗者，誰就看不到生活的意義；誰把自己看作是一個失敗者，誰就不可能成長，而不斷的成長恰是生活的全部意義所在。著名發明家愛迪生經過上萬次的試驗之後終於發明了電燈。而把自己看作失敗者，還會妨礙自己的成功，因為這樣常常會使自己半途而廢，永遠創造

不出新事物。在這一點上應當學習莊子的精神，莊子說：「古之得道者，窮亦樂，通亦樂。窮通為寒暑風雨之序。」意思是，古時候通曉事理的人，在人生境遇變得坎坷的時候也能達觀面對，境遇順利時，也能樂觀對待。因為他們知道困厄和順利就像自然界的季節總要四季輪換一樣，就像自然界中風雨常常交換一樣。既然逆與順、成功與失敗，可能總是形影相隨，也就沒必要對失敗恐懼。要有長遠目光，更要想得開，即使身處逆境也要樂觀豁達，在失敗中期待著成功，在失敗中看到事物正朝著勝利的方向轉化、發展。

再者，還要意識到失敗是我們累積經驗、邁向成功過程中不可踰越的第一步，要避免失敗是不可能的。為了使我們更加成熟，我們必須從容不迫地對待失敗。隨著我們不斷開拓生活中的新領域，出現失敗的可能性也就越來越大。因此，我們應該意識到，失敗也是一種經驗，它引導我們不斷走向成熟，會給我們帶來更加豐厚的報酬。

(7) 從前的挫折、失敗是產生恐懼的又一原因

恐懼是最容易使人麻痺的情緒，也是最有自我挫敗性的心理反應。正如俗話所說：「一朝被蛇咬，十年怕草繩。」由於每個人在成長的過程中都遭受過無數的挫折，於是失

敗的恐懼便時常伴隨著我們。「驚弓之鳥」，「風聲鶴唳，草木皆兵」的故事，就形象說明了這一點。這種恐懼感多來自對過去「失敗」所造成的傷害性記憶，以及內心的膽怯和懦弱，從而產生消極的想像力和預期的失敗感。

恐懼和擔憂是生活的一部分，當一個人對未知事物作出決策時，總要為未來擔憂，總要害怕未知的事物，這是正常的恐懼和擔憂，不必大驚小怪。怕的是當一個人在做出新的決定時，首先想到以前遭受過的失敗景象，從而猶豫不決，裹足不前。對此，必須學會接受自己的現狀，意識到人永遠不是完美無缺的，都有可能犯錯誤，自我形象都有遭到扭曲的可能，重要的是從中吸取教訓，而不是因噎廢食，從此放棄自己辛辛苦苦開拓的事業。從失敗中奮然而起，最終帶來的必將是信心和快樂。要知道，失敗也有其不可替代的價值，那就是能刺激你奮起。最大的失敗莫過於害怕失敗，不敢冒一下使自己的生活更有意義、但又經過仔細謀劃的風險。如果能戰勝這一擔憂，那麼自我形象就會自動得到改善，並帶來夢寐以求的幸福。因為成功本身就意味著要勇於面對現實，勇於採取行動。

6 跨越恐懼：你是最勇敢的人

恐懼使許多人無法履行自己的義務，因為恐懼消耗他們的精力，損害和破壞他們的創造力。心存恐懼的人是無法充分發揮其應有才能的，如果處境困難，他就會束手無策；如果焦慮不安，他只會使自己無法做得最好。

無論你需要什麼，首先要把它置於信念之中。不要問怎麼辦、為什麼或什麼時候，而一定要全力以赴，一定要有信念，因為信念是一切時代偉大奇蹟的創造者。

許多人遭到失敗，是因為他們老是喜歡停下來詢問自己的最終結果將會怎樣，他們將來是否能取得成功。這種不斷對事情結果的詢問導致了恐懼的產生，而恐懼對取得成功來說則是致命的。成功的祕訣在於集中心志，而任何一種擔憂或恐懼都不利於集中心志，並且還會毀滅人的創造力。當一個人處在恐懼、擔憂和焦慮中時，他的思想和心態是不可能集中的。當整個心態思想隨著恐懼的心情而起伏不定時，做任何事情都不可能收到功效。在實際生活中，真正的痛苦其實並沒有想像的那麼大。那些使得我們未老先衰、愁眉苦臉的事情，那些使得我們步履沉重、臉無喜色的事情，那些剝奪了我們歡樂的事情，實際上並沒有發生。

一位以美麗著稱的女演員曾經說過：「任何想變漂亮一些的人絕對不可以恐懼和憂慮。恐懼和憂慮意味著所有美麗的毀滅、消亡和破壞，意味著喪失活力、無精打采，意味著多愁善感，意味著無休無止的災難。不要介意發生的事情，一個女演員絕對不可以憂慮。一旦她懂得這一點，那她就已經駛進了那條保持美麗容顏的高速公路的入口。」

如果一個總是恐懼重重的人能看到一幅關於他在不恐懼時的畫像該多好啊！如果他置身於自己另一幅恐懼重重時的畫像旁，他又會感到多麼震驚啊！他恐懼重重時的模樣看上去就像已未老先衰，滿臉都充滿了恐懼和焦慮的皺紋，充滿了極度沮喪和了無生氣的表情。這幅畫中的他似乎要比那幅快樂畫像中的他老許多；在那幅顯出快樂的畫像中，他是那樣的朝氣蓬勃、充滿樂觀和滿懷希望。

幾乎所有宗教形成的過程中，恐懼都起了非常大的作用。中世紀的教士們發現，恐懼能極其有效地將那些無知的群眾吸引到教堂中，並能使教士們極其有效地控制那些無知群眾的行為。無知是如此容易導致恐懼，以致在世界歷史的各個時期，統治者都在製造群眾的無知。

恐懼純粹是一種心理想像，是一個幻想中的怪物。一旦我們認知到這一點，我們的恐懼感就會消失。如果我們都被正確地告知，沒有任何臆想的東西能傷害到我們；如果我們的見識廣博到足以明瞭沒有任何臆想的東西能傷害到我們，那我們就不會再感到恐懼了。

恐懼感沒有任何可以救助人的因素。恐懼往往破壞人的所有能力的正常功能。恐懼使創新精神陷於麻木；恐懼毀滅自信，導致優柔寡斷；恐懼使我們動搖，不敢開始做任何事情；恐懼還使我們懷疑和猶豫。恐懼是能力上的一個大漏洞。有許多人把他們一半以上的寶貴精力浪費在毫無益處的恐懼和焦慮上面了。

恐懼雖然阻礙著人們力量的發揮和生活品質的提升，但它並非不可戰勝的。只要人們能夠積極地行動起來，在行動中有意識地糾正自己的恐懼心理，那它就不會再成為我們的威脅。

勇敢的思想和堅定的信心是治療恐懼的天然藥物，勇敢和信心能夠中和恐懼思想，如同化學家在酸溶液裡加一點鹼，就可以破壞酸的腐蝕力一樣。

有一個文藝作家對創作抱著極大野心，期望自己成為大文豪。美夢未成真前，他說：「因為心存恐懼，我的煩惱是眼看一天過了，一星期、一年也過了，仍然不敢輕易下筆。」

另有一位創作家說：「我把重點放在如何使我的心力有技巧、有效率地發揮，在沒有一點靈感時，也要坐在書桌前奮筆疾書，像機器一樣不停地動筆。不管寫出的句子如何雜亂無章，只要手在動就好了，因為手到能帶動心到，會慢慢地將文思引匯出來。」

初學游泳的人，站在高高的水池邊要往下跳時，都會心生恐懼，如果壯大膽子，勇敢地跳下去，恐懼感就會慢慢消失，反覆練習後，恐懼心理就不復存在了。

倘若很神經質地懷著完美主義的想法，進步的速度會受到限制。如果一個人面對恐懼的事情時總是這樣想，「等到沒有恐懼心理時再來跳水吧，我得先把害怕退縮的心態趕走才可以。」這樣做的結果往往是把精神全浪費在消除恐懼感上了。

這樣做的人一定會失敗，為什麼呢？人類心生恐懼是自然現象，且人們只有親身行動才能將恐懼之心消除。不實際體驗付諸行動，只是坐待恐懼之心離你遠去，自然是徒勞無功的事。

在不安、恐懼的心態下仍勇於作為，是克服神經緊張的處方，能使人在行動之中，獲得活潑與生氣，漸漸忘卻恐懼心理。只要不畏縮，有了初步行動，就能帶動第二、第三次的出發，如此一來，心理與行動都會漸漸走上正確的軌道。

7 恐懼症的治療方法

恐懼症是以恐懼症狀為主要臨床表現的心理疾病。其恐懼的對象可能是單一的，也可能是多種的，最常見的恐懼對象是高處、黑夜、過馬路、動物、社交活動等，並對恐懼對象進行迴避。患者明知這種恐懼不合理，而且不必要，但每次見到恐懼對象都有很強的恐懼體驗而且難以控制。

對於恐懼症的治療方法，應首選系統脫敏療法。對於個別案例也可採用其他的療法，如衝擊療法、認知行為治療。下面就引用一例案例，進行具體說明。患者田小姐，17歲，原是苗條俊俏少女，隨著青春發育，身體長高長胖，自覺長醜了。她害怕進商店，害怕搭公車。近半年來不敢見生人，特別迴避男性。一見生人就緊張，心跳、氣急、出汗、臉紅。4個月來，除家人和一、兩個女性友人外，不敢見任何人。說自己太高、太胖、乳房太大，在家人面前還要披條毯子，以遮擋乳房。終日躲在家裡，偶爾下樓倒垃圾也要趁黑，先傾聽檢視樓道無人才敢出門。不敢照鏡子，常把鏡子反過來。明知此想法過分卻不能自制。

一診：患者見到治療者驚慌失措，急忙從床上抓條毛毯圍住胸口，迅速躲到門後，此後再也不出來，一診失敗。

二診：治療者將一篇社交恐懼症病案的文章，由其母轉交，讀後，她認為自己患的正是這種病，要求請醫生來家諮詢。

在她房裡，她哭訴著向治療者倒「苦水」。說父親像魔鬼一樣，性情粗暴，常罵她是「豬」。最難忘的是小時候她買條小狗養，父親氣得把狗尾抓起來，把牠當場摔死了。父親常和母親為瑣事吵架。她從小就對父親既恨又怕。哥哥不跟她玩，有時也打她。她說男人都壞，總是用懷有惡意的眼光看她，在公共汽車上有男人故意擠她，眼睛總往她胸前看。教師要求嚴格，當眾罵她，她總是淚汪汪的。

諮詢要點：分析膽小怕人的根源：父親粗暴，教師嚴格，個別男性無禮，學習信心不足，以致膽小怕事，並自我強化。加之青春期少女對男性特有的敏感和防禦心理，形成怕男人恨男人，進而泛化為怕見人。指出社會和家庭都是由男人和女人組成，既充滿了矛盾又歸於統一，生活既有痛苦又有歡樂，人要生活得舒適幸福，就要尋找平衡點，學會自我調節。能把鬱積在心中的話講出來，這就是療效的開始，把「苦水」倒完，「心病」就痊癒。與其父母分別諮詢，重點是父親。針對焦慮、憂鬱症狀給予伊米帕明，阿普唑侖，心得安治療。

三診（第十日）：患者感覺心情有所好轉。

諮詢要點：布置系統脫敏治療方法。採用快速脫敏法（即真實生活脫敏法），省去了肌肉鬆弛訓練，等鞏固一級再進入一級。按害怕情景層次排列，焦慮等級（SUD）值10——100，SUD值每增加10為一級，共10級，10為干擾程度最輕情景。層次見表：SUD情景10夜晚10點，母陪上下自家宿舍樓梯；20夜晚10點，母陪到宿舍區無路燈處散步；30夜晚9點，母陪到宿舍區有路燈處散步；40傍晚（天剛黑），母陪在宿舍區散步；50天黑前一個小時，與母親在操場打羽毛球；60天黑前一個小時，與鄰居小孩打羽毛球；70白天在院內散步，晚上到鄰居家裡和女孩打牌；80白天獨自去小店、食堂。晚上和鄰居男孩打牌；90隨父母上大街、商店、公園；100參加團體活動，如卡拉OK、舞會等。

四診（第20日）：患者近10天在家裡看電視不用毯子護胸了。晚上同母外出散步。進一步談到「三怕」（太高、太胖、乳房太大）根源。說在一次游泳時，別人取笑她的大腿像只水桶。實習時師傅問她生孩子沒有，氣得她大哭一場。她想根源就是長得太高太胖了，人變醜了，尤其是母親遺傳的大乳房，更是難以見人。

諮詢要點：首先要解除「三怕」思想，解釋身高與體重及其比例均屬正常範圍，肯定其長的不醜，乳房大是女性青春發育良好的特徵，是健康美的象徵；對青春期正常生理發育認知不足，是產生怕的又一原因。堅持脫敏療法，逐級進行。減肥——多進行運動鍛鍊。把每天的進步記錄下來。克服多疑毛病——要以事實為依據。幫助其父母尋找家庭氣氛緊張的根源，開展一些家庭娛樂活動。

五診（第30日）：患者講述表姐帶男朋友來家玩，她很妒嫉，關起門來哭，還趁他們外出時把表姐的小說撕了，提袋、錄音帶也剪了。她說：「你體會不到女人妒嫉和自卑是很難受的。」

諮詢要點：（1）正確認識自己，建立起自信心，妒嫉別人漂亮，實際上是對自己不夠了解，才有自卑感。建立自信心，主要是多看到自己的優點。（2）繼續堅持脫敏療法。（3）對家庭關係的改善給予肯定。

六診（37日）：患者送女友邊談邊走，不知不覺送到傳達室，從此能在白天出門，並第一次到食堂買飯菜。給予鼓勵和表揚。

七診（44日）：患者已能去父母辦公室，還和鄰居男孩玩撲克，帶表弟逛公園，參加一次追悼會，和表姐到學院唱卡拉OK、跳舞、見生人也不出汗了。在打撲克時仍不敢抬頭看男孩，其父為女兒買了耳環、項鍊，並帶其母親去看病，家庭關係明顯改善。

八診（76日）：患者在母親單位做服務員，恐怖症狀基本消除。

上述案例是用系統脫敏療法治療恐懼症的較成功的案例，治療者能洞察患者每一次治療的變化，並機敏地做出有效的反應，在整個治療過程中不僅用了系統脫敏療法，也應用了支持性心理治療、認知行為治療及精神動力學理論。此案例之所以成功，不僅僅是醫生在技術上過硬，而且對待患者的態度也起了重要的作用。

恐懼症透過系統治療恢復後，一般癒後良好，少部分復發，治療者對此應予以重視。

五、甩掉虛榮：你的生活會更美

1 人爲什麼會有虛榮心

「虛榮心」一詞，《辭海》釋為：表面上的榮耀、虛假的榮譽；最早見於柳宗元詩：「為農信可樂，居寵真虛榮。」

所謂虛榮心是指一個人借用外在的、表面的或他人的榮光來彌補自己內在的、實質的不足，以期贏得別人和社會的注意和尊重。虛榮心是自尊心的過分表現，是為了取得榮譽和引起普遍注意而表現出來的一種不正常的社會情感，是一種很複雜的心理現象。法國哲學家柏格森曾經這樣說過：「虛榮心很難說是一種惡行，然而一切惡行都圍繞虛榮心而生，都不過是滿足虛榮心的手段。」

（1）虛榮心產生的社會原因

人之所以會有虛榮心，原因是多方面的，從社會方面分析，主要有以下幾個原因：

①社會階層及地位的影響。

由於社會存在不同的階層，各階層所占有的資源比重又不同，就促使某些人想進入社會高階層，或占有較多的社會資源，如果因種種原因不能達到這個目的，個人的自尊心受挫，就會啟動自我調節機制，即透過虛榮心來達到心理平衡。例如，某人社會地位不高，她就可能在手指上戴四個金戒指，以顯示其經濟實力，從而補償自己的社會地位。

②沉積的社會文化的影響。

在人際交往中注重「臉」和「面子」，是華人的社會文化傳統。所謂「臉」，是一個人為了自我和相關者的完善而透過形象整飾和角色扮演在他人心目中形成的特定形象；所謂「面子」，則是一個人在社會人際關係中依據自我評價，估價自己在別人心目中所應有或占有的地位。通俗地說，無論是「臉」，還是「面子」，都是圍繞著榮譽和尊嚴，甚至可以說，「臉」和「面子」代表著人的榮譽和尊嚴。一個人要想有臉面，他就必須先做一件大事，透過他的所作所為，人們加以讚美，他的形象也就隨之高大起來。因此，從某種意義上講，人際交往中注重「臉」與「面子」的文化傳統在一定程度上強化了華人虛榮心理的產生。

(2) 虛榮心產生的心理原因

虛榮心理的產生及其強弱還與個體心理健康、思想修養有著直接的關係。除此之外，還受個人所處的生活環境的影響。

①自尊心過強的人容易產生虛榮心理。

每個人都有自尊心，都喜歡聽恭維、讚美的話，這是人的本性。但倘若一個人的自尊心過於強烈，渴望獲得別人對自己的重視、尊重和讚美，而自身又缺乏過人之處，不具備足以令人稱道的實力，則不得不尋求其他手段，如借用外在的、表面的，甚至是他人的榮光來加以彌補或進行替代，以此來滿足自尊心。所以，自尊心過強的人容易產生虛榮心理。

②私心過重的人容易產生虛榮心理。

私心過重的人會時刻考慮個人的利害得失，總希望自己時時處處勝過別人、超過別人，為了達到這一目的，常常不惜費盡心機地營造或借用本來不屬於自己的、虛假的榮譽來掩飾個人的缺陷和不足，以便抬高自己、顯現自己的「過人之處」。

③缺乏自信的人容易產生虛榮心理。

虛榮心理的產生往往是那些缺乏自信、自卑感強烈的人進行自我心理調適的一種結果。某些缺乏自信、自卑感較強的人，為了緩解或擺脫內心存在的自慚形穢的焦慮和壓力，試圖採用各種自我心理調適方式，其中包括借用外在的、表面的或他人的榮光來彌補自己內在的、實質的不足，以縮小自己與別人的差距，進而贏得別人對自己的重視與尊敬，虛榮心由此便產生了。

2 虛榮心的特點有哪些

(1) 虛榮心具有一定的普遍性

虛榮心是一種常見的心態，因為虛榮與自尊有關。人人都有自尊心，當自尊心受到損害或威脅時，或過分自尊時，就可能產生虛榮心。如身著珠光寶氣招搖過市、譁眾取寵，等等。

(2) 虛榮心是為了達到吸引周圍人注意的效果

為了表現自己，常採用炫耀、誇張、甚至戲劇性的手法來引人注目。如用奇特的髮型來引人注目。

(3) 虛榮心與追求流行有關係

流行是一種社會風尚，是短時間內到處可見的社會生活方式，其製造者多為社會名流。虛榮心強的人為了追趕偶像，顯示自己，也模仿名流的生活方式。

（4）虛榮心不同於功名心

功名心是一種競爭意識與行為，是透過扎實的工作與勞動取得功名的心理，是現代社會提倡的健康意識。而虛榮心則是透過炫耀、賣弄等不正當的手段來獲取榮譽與地位的不健康心理。

虛榮心很強的人往往是華而不實的浮躁之人。這種人在物質上講排場、搞攀比；在社交上好出風頭；在人格上很自負、嫉妒心重；在事業上無踏實作風。

3 虛榮心的表現形式

（1）物質生活中的虛榮心行為

主要表現為一種病態的攀比行為，其信條是「你有我也有；你沒有我也要有」。有些人即使債臺高築，也要打腫臉充胖子，與他人比穿、比用、比收入，當官的則比轎車、比住房、比待遇、比職級……就是不比貢獻。一般人家在操辦紅白喜事時，講排場、擺闊氣；在住房裝修中，比豪華氣派；在生活消費中，大手大腳，寅吃卯糧、借貸消費，以求得周圍人的讚賞與羨慕。

(2) 社會生活中的虛榮心行為

主要表現為一種病態的自誇炫耀行為，透過吹牛、隱匿等欺騙手段來過度表現自己。例如有的人吹噓自己是××名人的親戚、朋友，自己是××家、××長，自己的兒女如何孝順、如何有出息，或者對子女抱有高期待，施以高壓。有的人在名片上冠以誇大不實的「頭銜」、「職稱」等；有的人將自己的某些短處隱匿起來，或偷梁換柱，欺世盜名。這種情況已蔓延到一些公司、部門乃至社會生活的方方面面。總之，在真實的表面上製造炫目的「光環」，使人真假難辨，而虛榮者從中得到極大的心理滿足。

(3) 精神生活中的虛榮心行為

主要表現為一種病態的嫉妒行為。虛榮與自尊及臉面有關，自尊與臉面都是在社會活動中才能得以實現。透過社會比較，個體精神世界中逐步確立起一種自我意識，自我意識又下意識地驅使個人與他人進行比較，以獲得新的自尊感。「尺有所短，寸有所長」，有虛榮心的人是否定自己有短處的，於是在潛意識中超越自我，有嫉妒衝動，因而表現出來的就是排斥、挖苦、打擊、疏遠、為難比自己強的人，在評職、評級、評優中弄虛作假。

4 下決心讓自己遠離虛榮

希望博得他人的讚美是人的一種無可厚非的正常心理，然而，人們在獲得了一定的讚美後總是希望獲得更多的讚美。所以，人的一生就常常會掉進為尋求他人的讚美而活的愛慕虛榮的牢籠裡面。事實上，這也就流露了需要徵得他人的讚美和同意的虛榮心理：你對我的看法比我對自己的看法更重要。

你也許把你非常多的時間用在了努力徵得他人的同意上，或者說用在了擔心他人不同意你做的那些事情上。如果他人的贊同或同意成了你生命中的「必需」，那麼，你又多了一件要做的事。你可能開始時認為，我們都喜歡掌聲、恭維和表揚。別人拍我們的馬屁時，我們感覺都非常好。誰不願意被人奉承、恭維呢?沒有必要不允許人們這樣做。他人的贊同本身並沒有害處，事實上，諂媚使人感到愉悅。尋求他人的讚許只有在它成了一種必需而非一種渴望的時候才是一種失誤，從而成為一種愛慕虛榮的表現。

如果你渴望他人的讚許或同意，那麼，一旦你獲得了他人的認可，你就會感到幸福、快樂。但是，如果你陷入這種無法擺脫的虛榮之中，那麼，一旦你沒有得到它，你就會感到身價暴跌。這時候，自暴自棄的因素就會潛入進來，同樣，一旦徵求他人的同意成了你的一種「必需」，那麼，你就把你自己的一大部分交給了「外人」。在愛慕虛榮心理的驅使下，為得到他人的讚美，「外人」的任何主張你都必須聽從。如果「外人們」不同意你，你就不敢輕舉妄動（甚至在很小的事情上）。在這種情況下，虛榮心使得你選擇的是讓他人去申訴你的尊嚴或留給你面子（他們對你滿意時才會給你面子）。只有當他們給予你表揚時，你才會感覺良好。

這種徵得他人同意的虛榮心極其有害，但是，真正的麻煩隨著事事必須請示他人而來。如果你果真擁有這樣一種虛榮心，那麼，你的人生就注定會有許多痛苦和挫折。而且，你會感到自己的自我形象是軟弱無力的，是沒有社會地位的。

一定要讓這種徵得他人同意的虛榮心走開。如果你想獲得個人的幸福，你必須將這種徵得他人同意的虛榮心從你的生命中根除掉。這種虛榮心是心理上的死胡同，絕不可能使你從中得到任何好處。

尋求讚美只是愛慕虛榮的表現之一，人類愛慕虛榮的想法其實是五花八門、不可勝數的。正因為如此，自古至今，不知多少哲學家和詩人，都為反對人類的虛榮而說教，可是，雖然有了很多的教訓，而人類的虛榮卻並沒有因此而稍減。直到現在，研究精神病的學者才告訴我們：虛榮是人生的矛盾，人類的特徵，它很可怕，而且這可怕的範圍幾乎是無限的。

要想在世上尋找一個毫無虛榮的人，就和要尋找一個內心毫不隱藏低劣感情的人一樣困難。基於這一事實，我們就知道這兩者之間，必有一種密切的關係；研究的結果，果然證明這種推測並沒有錯，原來虛榮不過是人們想借它來遮掩他們低劣的心理罷了。哲學家和詩人之所以猛烈攻擊虛榮，原因就是它不但使個人直接受其損害，而且使整個人類的文明莫不間接蒙其阻障礙。

虛榮的方式之多，正和海浪一樣無限。為了自己的人種、身體，乃至眼色、鼻頭，而誇誇其談。土耳其的女人，他們以肥胖為榮；而美國的女人，卻以瘦長為美。不問虛榮所表現的形式如何，都是虛榮罷了！

由於虛榮而引發的競爭慘劇，是最不幸、最惡劣的事。人們因虛榮的競爭而送掉性命的慘例是舉不勝舉的，而虛榮的人能夠永遠維持他的虛榮的例子卻是屈指可數！凡虛榮的人，他總有一天，會和他的鄰人、同事、老婆、兒女，甚至不知虛榮為何事的自然界發起衝突，最後一敗塗地；虛榮雖然可以自欺欺人，但它斷乎欺不了自然，虛榮是反對自然的一種侮辱，但自然是不容任何侮辱的。

人類的虛榮之心，已經是根深蒂固，發展得十分普遍，難以剷除的了。自古以來，許多哲學家、宗教家都曾提出警告，還加以道德的攻擊，然而都無用。它不但不曾因此稍殺其威，而且日新月異，越來越猖獗了。要根本剷除人類罪惡的根源，可有什麼徹底的方法呢？或者是否可以把它利用到好的方面去呢？至少，它的悲慘的結果，是否可以設法避免呢？這些問題，現代的心理學家回答我們說：「可以的！」

解決人類的虛榮問題，根本不在如何破壞它的問題，而是在於如何改善它，誘導它走向有用的方面去。過去的說教者，不明白這一層，所以總是失敗。破壞虛榮，就等於毀滅整個的人類，因為人類即使被毀滅到只剩下最後一個人，那個人或許也會為了他的獨存而虛榮。我們只要對那些為其美麗而虛榮的人說：你的虛榮於己於人兩無所得，豈不無聊之至！可是，你可以把你的美貌做工具，去感化犯罪的青年，那麼，便有意思了，雖然虛榮，人們也可寬恕你了。倘有人因為有錢而虛榮，只要告訴他，把他的錢拿出來經營一種事業，使人類的生活多一種安全保障，那麼，便可以得到人們的原諒了。總而言之，虛榮只要用到對人類社會有利的路上去，它就不但無害，而且有益。

所以，你對待虛榮的正確方法應該是：

不要去破壞虛榮，而要自己下決心遠離它。

5 怎樣有效地克服虛榮心

⑴要了解虛榮心的危害

既然虛榮心所追求的是那些本不屬於自己的虛假的榮光，那麼它終究會失去美麗的光彩，是靠不住的。俄國著名生理學家巴夫洛夫曾諄諄告誡後人：「永遠不要企圖掩飾自己知識上的缺陷，即使用最大膽的推測和假設去掩飾，這也是要不得的。不論這種肥皂泡的色彩多麼使你們炫目，但肥皂泡必然是要破裂的，於是你們除了慚愧之外，是會毫無所得的。」雖然虛榮心可能使人們得到一時的心理滿足，填補一下內心的空虛，但它像沉重的包袱背在人們的身上，時刻使人們擔心被識破假象，過著提心吊膽、誠惶誠恐的生活。而且，一旦露餡，還會更加難堪。

(2) 樹立正確的榮辱觀

即對榮譽、地位、得失、面子要持有一種正確的認知和態度。人生在世要有一定的榮譽與地位，這是心理的需求。每個人都應十分珍惜和愛護自己及他人的榮譽與地位，但是這種追求必須與個人的社會角色及才能一致。面子「不可沒有，也不能強求」，如果「打腫臉充胖子」，過分追求榮譽，顯示自己，就會使自己的人格扭曲。同時也應正確看待失敗與挫折，「失敗乃成功之母」，必須從失敗中總結經驗，從挫折中悟出真諦，才能建立自信、自愛、自立、自強，從而消除虛榮心。

(3) 加強個人的心理修養，驅除私心、增強自信

①要把虛榮心換成「平常心」，承認自己是個平平常常的人，安心過平常人的生活，做好自己該做的事。遇到別人有困難時，可儘自己所能去幫助，不要因事小而不為，也不要許諾自己辦不成的事。實實在在地做人、做事，這樣自己就會以真誠與

實在獲得別人的認可與尊重。

②驅除個人私心。「虛榮的人注視著自己的名字，光榮的人注視著群體的事業。」如果一個人更多地考慮他人、群體和社會的利益，把個人的工作、生活與團體、社會的發展連繫起來，那麼虛榮心可能帶來的心理滿足對他來說是微不足道的。

③培養高雅的情趣，發現生活中值得追求、奮鬥的東西，這時自己的生活也就充實起來了，也就是找到了生活的支柱。當一個人充分地肯定自己，對生活、對自己充滿信心時，自然就不會用虛榮來籠罩自己，而是坦然地生活、工作。

(4) 將虛榮心與上進心結合起來

虛榮心只有與上進心結合起來，才會產生積極的效果，才會引導人發奮圖強，獲得某種成功或真才實學，那時他自然會受到別人的稱讚，個人的自尊需求也會得到真正的滿足。

六、戰勝沮喪：跌倒了重新站起來

1 沮喪使著名作家海明威自殺

以創作中篇小說《老人與海》（*The Old Man and the Sea*）榮獲1954年諾貝爾文學獎的美國著名作家厄尼斯特．海明威（Ernest Miller Hemingway）的生活經歷中，充滿了緊張與壓力，他的內心經受著劇烈痛苦而複雜紛呈的變化。他企圖利用各式各樣的方式擺脫和逃避沮喪的情緒，如不停歇地旅行冒險，尋求各種刺激性生活等。他在身體上企求生存，而在心理上卻渴望死亡。小說《老人與海》主角聖地牙哥在海上與鯊魚搏鬥的經歷與內心活動詮釋了這一矛盾的心態。

打魚老頭兒連續84天在海上一條魚也未捕到。第85天出海，經歷了三天兩夜的搏鬥，終於捕到一條巨大肥碩的大馬林魚，歸途中卻不斷遭到鯊魚的襲擊。為不使馬林魚不被鯊魚吃掉，老人奮力還擊，憑著過人的勇氣和力量，一次次把凶殘的鯊魚擊退，但最終船上的馬林魚只剩下一副骨架。儘管老人失敗了，但「你盡可能把他消滅掉，可就是打不敗他」。老人的內心獨白，簡直是海明威一生的寫照。作家諾曼·邁勒魯入木三分地剖析道：「海明威這種漂泊不定的生活之真正的根源，是他的一生都在跟沮喪、恐懼和自殺的念頭抗爭。他的內心世界猶如一場噩夢。他的夜晚是在同死神的搏鬥中度過的。」

為掙脫焦慮與沮喪的羅網，海明威尋求性與烈酒的刺激，他跟許多女人有過關係，結過許多次婚，搬過很多次家；飲酒從紅葡萄酒到威士忌，最後到伏特加，但是仍無濟於事。他像只被凶惡老鷹窮追不捨的獵物，被追得走投無路、無處躲匿。在 1961 年夏天的一天，海明威終因沮喪的困擾而用子彈結束了頑強的一生。

2 沮喪是一種心理疾病

沮喪是常見的一種輕微發作的憂鬱症。一般來說，自尊心極強、缺乏抑制力或對不幸和生活的艱難缺乏準備的人，都會有不同程度的沮喪表現。

沮喪症的主要症狀既有生理上的，也有情緒、思維方面的。如精神上的持續憂鬱，有煩躁感和空虛感，對生活失去信心；對前途悲觀失望，有一種深深的負罪感，認為生活毫無意義；不能接受外界的影響，對日常生活（包括性行為）無任何興趣；嚴重的失眠，行為異常；精力不能集中，記憶力衰退或優柔寡斷；周身疼痛，常想莫名其妙地哭泣。

在一生中，人都會偶爾感到沮喪。如果對其放任不管，延誤治療，會使病情進一步惡化，極有可能轉為慢性憂鬱症。

3 沮喪對人生的消極影響

(1) 逃避現實，自釀苦果

灰心喪氣、長吁短嘆、慨嘆命運的不公，時運的不濟；對什麼事都提不起興趣，整天無精打采，封閉自己，給自己構築一個小天地，在那裡責備自己，怨恨自己，自信心下降，疏於與外界溝通，孤寂、悲觀；不能正確面對現實，總想逃避現實，看不到未來的希望，觀念固執，在那裡自我品嘗苦果。

（2）放大不幸，困擾人生

沮喪情緒常常會放大生活的不幸，所以對那些被強烈的沮喪情緒持續困擾的中年男性來說，很有必要接受心理治療。不過，許多人常常不願承認自己心理上有問題，這就很容易促使沮喪情緒進一步影響他們的工作、生活和婚姻。

4 信任自己——「我能行」

記得「4分鐘跑1英里」的故事嗎？自古以來，人們一直試圖達到這個目標。傳說古希臘人讓獅子追逐奔跑者，他們認為這能使他跑得更快。人們也嘗試喝真正的虎奶，但也沒有用。所以人們斷言，這是不可能。幾千年來人人都堅信不疑：要一個人在4分鐘內跑完1英里在生理上辦不到；我們的骨骼結構不對稱，肺活量不充足，風的阻力又太大，理由成百上千條。

然而有一個人，證明了醫生、教練和運動員以及在他之前嘗試過但沒有成功的千百人全都錯了。而奇蹟中的奇蹟是當羅傑·班尼斯特打破了4分鐘1英里的紀錄之後，其他37位運動員也打破了這個紀錄，一年之後又有三百位運動員在4分鐘內跑完了1英里。

幾年前在紐約，13位運動員在該次比賽中打破了4分鐘的紀錄。也就是說，比賽的最後一名選手也做到了在數十年前被認為不可能的事。

究竟是怎麼回事？訓練技術並沒有重大突破，人類的骨骼結構也沒有突然改善。但是，人類的態度變了。

想一想石匠吧，他在岩石上錘擊了一百次，沒有留下凹痕，敲擊第一百零一下時，岩石一分為二。你明白這不只是那一錘的緣故，而是先前所錘擊的共同作用。如果制定了目標，就能完成它們。誰說你不比對手更頑強，更優秀瀟脫，而且更有才幹？即使有人說你不行，也沒關係。根本的關鍵在於，如果你也這麼說，那就不可能產生奇蹟。在班尼斯特出現以前，人們一直相信專家。而班尼斯特相信自己……他改變了世界，如果你相信自己，那麼，就沒有什麼你不能達到的。因此不要打退堂鼓，任何時候都不要。

5 60秒PR法使你振奮

一種被稱作「60秒PR法」的家庭生活遊戲，開始風行於美國。它的發明者是美國喬治亞州立大學的一名教授。PR是英語「自豪」的縮寫。「60秒PR法」的總體意思是：「每天花60秒鐘，以講演的形式簡潔地描述自己的天賦和能力，以及自己應達到的成功目標。」這個遊戲最大的益處在於：使人時刻牢記為創造第一流的人生所應負的責任。

在美國的許多家庭裡，人們把「60秒PR法」的內容寫成文字，貼在盥洗室的鏡子上，每天洗完臉後，對著自己的目標反覆吟誦，以期激發壯志。有的家庭則將「60秒PR法」的內容灌進錄音帶，這樣夫婦雙雙可以在每天上班的路上收聽錄音，從中攝取精神營養。目標在不斷地更新，能力在不斷地增強，錄音帶的內容也定期更換，以便不斷地修訂自己的人生目標和計畫。

最近，「60秒PR法」開始進入錄影階段。人們把奮鬥目標的畫面再現在電視螢幕上，以期刺激視覺器官而取得更好的效果。同時，這樣做也有助於練就扣人心絃的講演風格和得體的儀態舉止。在家庭中每週舉行一次放映會，家庭的每個成員幾乎是帶著被檢閱的心情坐在電視機前。隨著人生目標的不斷更新，錄影內容也定期更換，這就如同一部家庭生活的電視連續劇，時刻「對人生充滿信心，懷著希望走向未來。」

這種「60秒PR法」，實際上就是利用短短的時間，對自己進行自我讚美和鼓勵。

在社會生活中，我們常常是在別人、在社會輿論的讚許聲中獲得前進動力的。在社會心理學上，這就被稱之為「社會讚許動機」。應該了解到，每個人都有他的優點和長處，這些優點和長處正是個人存在價值的生動展現。適當地讚美和鼓勵自己的優點和長處，從而肯定自己的價值，也能夠達到社會讚許動機的效果。

在現實生活中，凡是勇於打拚、勇於開拓人生道路的人，總是相信自己的判斷能力，因而充滿自信。自信是建立在對自己與求是的分析和估價的基礎上的。自信的人勇於進取，勇於有所作為，而缺乏自信則會一事無成。「60秒PR法」就是一種自我鼓勵，喚醒自信和自尊的有效方法，它使你向沮喪告別。

人們常愛說，人貴有自知之明。但是不少人卻往往只把這句話理解為要注意自己的性格弱點，要「夾起尾巴做人」。他們忘記了這句話的另一重要涵義：應該實事求是地看待自己的長處，從而增強自信心。

在傳統觀念中，有一種極其迂腐的觀點，那就是在任何時候都不談論和讚美自己的優點，總認為讚美自己的優點是不謙虛的表現；可是別人問起缺點來，倒很快就列出一大堆。

知道自己在某些方面確實有優點卻去否定它，這種做法既不合人性，也表示出你的不誠實。用積極的眼光發現自己，充滿自信心，塑造自我的完善形象，是一個人事業成功的基本保證。根據行為科學的理論，一個人如果總是對自己從事的事業失去自信，整日垂頭喪氣，沮喪不堪，那麼他的情緒必定逐漸消沉下去，產生厭惡自己並否定自己的「自卑情緒」。這樣的人就會缺乏朝氣，缺乏奮鬥的積極性，甚至還會誘發疾病。根據國內外醫學調查表明：癌症的發病原因多與長期情緒壓抑、受到強烈精神刺激有關。而因為缺乏自信變得垂頭喪氣、沮喪、焦慮、憂鬱、恐慌等等，造成心理機能的嚴重不平衡，可以說是一種「促癌劑」。

那種性格開朗、胸襟豁達、樂觀向上、自信進取的人，一般都能長壽。

要克服沮喪的性格弱點並不難，只要你採用「60秒PR法」，時常讚美自己的優點和長處，鼓勵自己在人生道路上勇敢地奮鬥，對未來充滿信心和希望，你就會覺得身上有一股永不枯竭的熱情和毅力，最終塑造出全新的自我形象。

現在就可以著手制定一份消除沮喪病毒的「行動表」。

(1)逐步減少人為安排的沮喪時間

學會以自我玩笑的形式給自己定出嚴格的「沮喪時間表」。例如每天午後12點半是「自我沮喪」時間，對今天遇到的難題和困難而沮喪。這樣以理智的態度把一天裡該沮喪的情緒都推遲到下一個指定的「沮喪時間」。很快你就會發現，這樣不過是無益地浪費時間。或者在遇到不開心的事情時，你可以滑稽的口吻對朋友或熟人說：「嗨，我今天好沮喪，真是不開心透了。」而朋友看你若無其事的樣子，以為你是在打趣。你在朋友樂觀的情緒感染下也會把說出的話當作滑稽的玩笑一笑置之。

(2)讓自己的興奮機能發揮作用

如果你是個自卑感強的人，不妨在任何時候都表現出自豪感來，讓自己的興奮機能發揮作用。要是你因為自卑而抬不起頭，彎腰曲背的話，那麼不妨想像有根繩子拎著你的兩個耳朵向上拉，讓你變態自卑的心靈恢複本來的面目。你昂首挺胸的姿態將告訴別人：我從頭到腳都充滿自信心。

6 碰到人生低潮時要自己給自己加油

每個人都喜歡得到他人的鼓勵，但千萬別乞求甚至依靠別人來鼓勵你。

如果你經常觀看體育比賽，就經常可以看到類似的鏡頭。賽場上，運動員發揮不佳，成績不大理想，這時教練會走過去，拍拍他的肩膀，輕聲地安慰幾句，鼓勵他穩住情緒，好好發揮實力。教練這麼做是為了穩定運動員的心情，也激起他的鬥志，在這種情況下，一句安慰與鼓勵勝似千金。

我們可以想想，當自己碰到低潮時，誰來拍拍我們的肩膀，誰給我們打氣呢？說實話，當你碰到低潮時，有些人也許在看你的好戲，真正能為你打氣的人不多！看不得別人比自己好，這是人的一種劣性，因此你也不必對人性的這種現象過於感慨。或許你的老師、朋友和長輩會為你打氣，但他們也沒法子天天拍你肩膀。父母兄弟呢？他們是最有可能不斷為你打氣的人，但很多父母看到陷入低潮的子女，不但沒有鼓舞，反而責罵，兄弟也是如此。如果你的低潮也間接拖累他們，那你恐怕得不到他們的原諒，當然，也有一些親人能不斷鼓舞你，那真是你的幸運。

既然人性如此，那我們還不如在碰到低潮時學會一點：自己鼓勵自己！

當然，我們並不否定別人鼓勵的作用，事實上，得到他人的鼓勵會讓你沒有孤單的感覺，於是生起一股奮起的力量，但是有幾點要注意的是：

①千萬別乞求、期冀望別人來鼓勵你，這樣會讓你像個可憐蟲！而這種鼓勵也帶有憐憫的意味。

②千萬別依賴別人的鼓勵來產生勇氣和力量，因為你未來的路還會有許多坎坷，可不一定每一次你低潮的時候，就會有人來鼓勵你！當然，在你陷入低潮時，如果有人拍你肩膀，給你鼓勁，這當然是最好的了。但你不能對之產生一種依賴。

所以，要自己鼓勵自己，讓勇氣和力量自己在心中產生，好比自己鑽了一眼泉孔，泉水汩汩而出！任何時候，任何狀況，你都可以自己取用！

不過，人在低潮時，情緒低落，如果打擊太重，有的人還會失去活下去的勇氣，怎麼可能鼓勵自己呢？

因此，遇到低潮時，你要有活下去的決心，這是自己鼓勵自己的先決條件。

同時你要告訴你自己：我一定要走過這個低潮，我要做給別人看，向所有人證明我的堅韌與毅力！換句話說，你要為自己爭一口氣，不要被別人看輕！

有了這樣堅定的信念，接下來就是付諸行動了，這當中還會有挫折、沮喪，也不知何日才能出頭，而且你還有可能再度被打倒！不過，不要怕，只要秉持堅定的意志，奮然前行，定會到達光輝的頂點。

那到底該如何激勵自己呢？

有的人在牆上貼滿勵志標語，每天在固定的時間默唸；有的人找個僻靜的地方，痛快地流淚；也有人拚命看成功人物的傳記；還有人借運動來強化意志，忘掉內心的沮喪……

其實具體的方法很多，不一定每個人都適用，每個人都可以找到自己鼓勵自己的方法。你不靠自己又能靠誰呢？

能自己鼓勵自己的人就算不是一個成功者，但絕對不會是一個失敗者，你還是趁早練練這種「功夫」吧！

7 跌倒了一定要爬起來

人不可能沒有摔跟頭的時候，但要記住，跌倒了一定要爬起來，否則別人會看不起你。

人不可能一生一帆風順，總有摔個跤、跌倒之時。但有一點要記住：不管你是什麼樣形式的「跌倒」，不管你跌得怎樣，絕不能灰心喪氣，一定要記住：跌倒了，一定要爬起來！

為什麼強調一定要爬起來，主要有以下幾個理由：

①人性是看上不看下、扶正不扶歪的。你跌倒了，如果你本來就不怎麼樣，那別人會因為你的跌倒而更加看輕你；如果你已有所成就，那麼你的跌倒將是許多心懷嫉意的人眼中的「好戲」。所以，為了不讓人看輕，保住你的尊嚴，你一定要爬起來！不讓他人小看，不讓他人笑看。

②「跌倒」並不代表永遠不起，但你先得爬起來，才能繼續和他人競逐。躺在地上是不會有任何機會的，所以你一定要爬起來。

③如果你因為跌重了而不想爬，那麼不但沒有人會來扶你，而且你還會成為人們唾棄的對象。如果你忍著痛苦要爬起來，遲早會得到別人的協助；如果你喪失「爬起來」的意志與勇氣，當然不會有人來幫助你，因此，你一定要爬起來！

④一個人要成就事業，其意志相當重要。意志可以改變一切，跌倒之後忍痛爬起，這是對自己意志的磨練；有了如鋼的意志，便不怕下次「可能」還會跌倒了。因此，為了你往後漫長的人生道路，你一定要爬起來！

⑤有時候人的跌倒。心理上的感受與實際受到傷害的程度不一樣，因此你一定要爬起來，這樣你才會知道，事實上你完全可以應付這次的跌倒，也就是說，知道自己的能力何在，如果自認起不來，那豈不浪費了大好才能？

總而言之，不管跌的是輕還是重，只要你不願爬起來，那你就會喪失機會，被人看不起，這是人性的現實，沒什麼道理好說。所以你一定要爬起來，並且最好能重新站立起來。就算爬起來又倒了下去，至少也是個勇者，但絕不會被人當成弱者。

至於跌倒了應在哪裡爬起來，有人說「在哪裡跌倒，就在哪裡爬起來」，其實也不盡然，你也可在別的地方爬起來！

「在哪裡跌倒，在哪裡爬起來」是不逃避失敗的一種態度，同時也可讓同行的人了解「我某某某起來了」！但你必須先確定你走的路是對的，如果跌倒之後，發現原來走錯了路，也就是說，你走的是一條不能發揮你的專長，不符合你性格的路，如果是這樣，為什麼不能在別的地方爬起來呢？事實上，就有不少人做過很多事，最後才找到適合他的行業。而且，只要能夠成功，誰在乎你是從哪裡爬起來的？

七、消除緊張：讓心靈透口氣

1 過度緊張的情緒危害你的身心

緊張是一種人人都具有的、在一定情景下出現的情緒狀態。適度的緊張情緒能提高人的反應速度和活動效率，但過度的緊張則是一種不正常的情緒狀態，對人的心理和活動本身都會產生不良影響。

長期過度緊張會演變為緊張症。緊張症狀表現為精神的和體力的失常，包括：疲乏，食慾不振或食慾過旺，頭疼，好哭，失眠或睡眠過度，常常透過喝酒、吸毒或其他強制性行為來解除緊張。伴隨緊張情緒的可能是吼叫，莫名其妙的煩惱或者無所事事的感覺。

現代的人們生活太緊張，自己把自己逼迫得太厲害。他們瘋狂地逼迫自己賺錢，以把自己弄得更闊氣、更高人一等。結果常常得不償失，所得到的物質財富並不能補償他們失去的健康。

我們每天都可看到許多神經緊張、被逼得團團轉的人。另有一些人雖然表面很輕鬆，但其實內心很緊張，只是他們懂得如何掩飾自己而已。

物質成就的取得需付出多大代價？值得我們因此而患高血壓嗎？值得我們犧牲個人的健康嗎？

現在很多人患了神經過度緊張的毛病，這個毛病甚至比我們所謂的「傷風感冒」更為普遍；心情真正平靜的人十分少見。從各種方面來說，因此患高血壓的人數，可能比我們所擔心的任何其他疾病，諸如癌症、心臟病等多得多。

緊張可導致你得高血壓，鬆弛則可令你身體健康。

醫學專家已經指出，鬆弛對心臟病患者大有幫助。對於從事神經需高度緊張的行業以及心臟病患者，醫生往往在處方中把「放鬆心情」列為良藥，或甚至把它當作是恢復健康的唯一藥方。

2 你爲什麼沒有坦然從容的心

為什麼有人會過度緊張呢?主要原因有以下幾點:

(1)性格上有負面因素

如膽小怕事、害羞靦腆、苛求完美、墨守成規等,所有這些不夠寬容大方的特點都易使人舉輕若重,事事、時時不由自主地緊張起來。

(2)受過挫折或失敗的打擊

有的人曾受過挫折或失敗的打擊,其後的經驗感受被泛化,造成無針對性的永續性緊張,成為難以踰越的心理障礙。如主持一次晚會而砸了鍋之類的經歷,雖時過境遷,但那種感受仍時時縈繞著自己的心。

(3)有過嚴的家教或其他約束

家長、老師等權威性人物如果總對孩子施加過重的壓力、實行過嚴的管束,也會使孩子養成緊張的習慣。

除以上原因外，神經型別弱型的、氣質型別屬黏液質的生理特點是一個影響因素。

生活中充實和緊張是有關聯的，但緊張作為一種應激反應是不易持久和頻繁的。現代醫學證明，人一進入緊張的警戒反應期後，腎上腺素分泌增加，以調動身體機能進行防禦，之後人會進入抵抗反應期，出現心跳加快、反應增高等生理變化，如果緊張仍持續下去，身體的防禦能力就會進入衰竭期，使身體嚴重受損。所以，心理緊張常成為導致軀體疾病的重要原因。現代心理學上則認為，人潛能的發揮是需要一種平和、積極的心理背景予以保證的，而自我調節能使自己緊張的心理得以放鬆，能使工作和學習事半功倍。你也應該有這樣的體會：自己超常發揮時常是心情最放鬆的時刻。

3 用信念擺脫心理緊張

人人都會有緊張感。焦慮與緊張亦如飢渴，皆為人之本能。它是人在其安全、健康、幸福或自尊面臨威脅時的自衛性反應。

因此，儘管偶發的一陣焦慮與緊張感會使人感到不快，但這純屬正常現象，不必在意。只有當情緒的不安頻繁發作，致使心神不寧且一時難以消除時，方應引起重視。

如何發現自己的心理緊張已經超過了正常限度呢？試回答下列問題，便可知分曉。

①你是否偶遇疑難或稍受挫折便慌張失措？

②你是否覺得與他人不易相處，同時別人也難以接近你？

③你是否難以從生活的平凡樂趣中獲得滿足？

④你是否一刻也不能丟開你的煩惱？

⑤你是否懼怕應付那些過去從未使你感到煩心的人或事？

⑥你是否好猜疑他人，不信任朋友？

⑦你是否感到自己智窮力竭，備受自我懷疑的折磨？

對上述問題，如果你的回答大多數是肯定的，也不必驚慌。不過，這表明你需要對過度緊張的心理採取措施了。下面是一些行之有效的積極措施，供你選擇。

(1) 一吐為快

假如你正為某事困擾，不要悶在心中。把苦惱講給你認為可信的、頭腦冷靜的人——丈夫或妻子，父親或母親，親戚或好友，醫生或老師等。講出來，可使你心情放鬆，有助於更清楚地知道自己的苦惱，還往往會幫助你明白如何解除緊張。

（2）暫時迴避

暫時迴避一下使你傷腦筋的問題，有時是有好處的，不妨去看會兒電視、看本書，或玩點什麼，也可做短途旅行，換換環境，以擺脫苦惱。讓自己「原地受罰」是自我折磨而非解決問題的方法。但當你冷靜下來，情緒及理智趨於正常時，即要準備回過頭來解決你的問題。

（3）強壓怒火

你如果動輒發火，請不要忘記，最終你往往會因此感到愚蠢並後悔的。如果你想痛斥某人，盡量推到第二天再說。與此同時，找些諸如修整花園或做木工的體力活去做，也可去打網球或長距離散步。平息怒氣有助於你放鬆緊張的情緒，從而更有把握地、理智地處理問題。

（4）有時不妨做些讓步

你若與人經常爭吵並且固執己見，強詞奪理，請記住，只有小孩子受挫發怒時才會這樣。你應當堅持自己認為正確的觀點，但要冷靜，同時要考慮到結果可能證明自己是錯的。即使你絕對正確，不時地做些讓步也會有益於你的心身；你這樣做了，別人也往往會讓步，結果是免除了你精神上的緊張，事實上問題得以解決，同時還會給你帶來成熟和滿意的快感。

(5) 為別人做點事

你若一直在為自己的事緊張和煩惱，不妨幫別人做點事，這樣可以緩和你的緊張和煩惱，甚至給你增添助人為樂的熱情。

(6) 逐一處理問題

人若處於緊張之中，對普通的工作也會覺得困難重重，一籌莫展。這時你可先挑出一兩件當務之急的事，一個一個地處理，別的暫且擱置一邊。一旦首戰告捷，其餘的便會迎刃而解。假如你覺得萬事都不能捨棄，那就需反省一下：你是否過高地猜想了這些事情的重要性，也就是說，把你自己看得過高了。

（7）避免當超人的欲望

有的人陷於緊張狀態是因為，他們總認為自己的事本應做得更出色，他們企求萬事都做得完美無缺。這種欲望必然招致希望受挫。你應先明瞭哪些事可穩操勝券，然後把主要精力放在這些事上，這樣便可望獲得最大的自我滿足。至於其他的事情只需盡力而為，結果即使不盡如人意也不要對自己求全責備。

（8）不要過於挑剔

有些人對他人期望過高，一旦他人不遂己願，便感到失望、灰心喪氣，或緊張得不知如何是好。這些「不堪造就」的人可能指的是妻子、丈夫或子女。我們總是希冀他們能符合我們預想的模式，甚至希冀他們能投我們自己之所好。請不要忘記，每個人都有權發展自我。因為親人的缺點（真正的，或想像中的）而感到洩氣的人，實際上是對自己洩氣。不應挑剔他人的行為，而應看到別人的優點，並幫助他發揚光大。這樣做，將使雙方都感到滿意，也有助於我們正確地看待自己。

（9）給別人留有餘地

處於緊張狀態的人往往企圖處處爭先，事無鉅細，就連在公路上開車也不甘人後。對他們來說，一切都是競爭，非贏即輸。生活不需如此，競爭是易受傳染的，而合作也是同樣。你給別人留有餘地，自己也往往更加從容。別人不再感到你對他是個威脅時，他也就不成其為你的威脅了。

(10) 讓自己易於接近

我們中間不少人覺得自己為人們所遺忘、輕視或怠慢，這往往是一種想像。我們不應迴避、退縮，相反，應主動表示友好，這樣做才是有益的，也更實用。在退避三舍與鋒芒畢露之間有一塊中間地帶，你不妨試一試。

(11) 安排出娛樂的時間

不少人總感到忙得不可開交。對這樣的人來說，規定出一個固定的娛樂時間將會大有助益。應培養一種愛好，使自己的業餘時間有所寄託。你可以將全部身心投入其中，得到樂趣，暫時把工作通通忘掉，這幾乎對所有的人都是可取的。

情緒上的緊張往往起始於生活中的實際問題：手頭拮据，職業問題，子女的撫育，老人的贍養以及婚姻的不幸，等等。然而，一個人長期的習慣和處世之道也會成為不安的原因。這些內外因素左右夾攻、火上澆油、愈演愈烈，使你的精神每況愈下。這種情況僅靠自助已不足以解決問題，還需求助於諮詢或其他服務機構。他們將會給你以具體的指導。

人人皆想尋求情緒的安寧或良好的精神健康，但有幸兼備良好的內在特質與優越的外部環境，能自動確保情緒安寧的人卻不多見。我們必須為此付出努力。這意味著我們需力求提高我們自知和知人的能力，在可能的情況下自行解決問題，在需要幫助時求助他人。要獲取良好的精神健康，其關鍵在於以信任為根本的處世宗旨：相信我們自己和其他的人都有不斷改進和成熟的能力；相信人類有同心協力解決問題的願望與能力；相信精神和道德的價值以及人類基本的良知。這一信念能支持我們戰勝心理緊張而不為其摧垮。

4 名人教你驅除緊張

以下是美國著名電視節目主持人坎貝爾和其他知名人物建議的一些方法，能幫助你驅除緊張。

（1）做好準備工作

坎貝爾說，他主持節目時永遠不會緊張。他的祕訣是做足準備工作。

他認為，在準備過程中吸取數據固然重要，但更重要的是做準備工作這個行動，並且知道自己已花了時間做準備工作。「你如果自欺欺人，強裝充滿信心，你心裡明白那是假的信心，」坎貝爾說，「然而，因做足準備工作而產生的信心卻是真的信心。」

（2）睡一夜好覺

漢堡王（Burger King）速食店是個擁有7億美元資產的集團，它的總經理吉姆·亞當森準備向董事會提出一項有爭議性的公司大改組計畫。在提計畫的前一晚，他本想通宵做準備工作，但終於壓下這個念頭，像運動員那樣上床去睡一夜好覺。第二天，他在會前花了半小時把他的計畫的要點再細看一次，然後走進會議室。「我相信，保持精神飽滿絕對是件重要的事情，」亞當森說，「精神好，就不會緊張，表現就會比較出色。」

（3）別忘了進食

美國著名歌星羅珊·卡希還記得有天晚上她在紐約一家夜總會演出兩場的情形。第二場表演開始之前，她覺得胃不舒服，想嘔吐。她勉強把節目演完，然後才想起她整天沒吃過東西。「原來是血糖太低，」她說，「身體的狀況可以解釋許多心理上的問題。」

（4）化整為零

「做我們這一行，」坎貝爾說，「你如果把每一天的工作都看成一個兩小時的節目，一定會覺得太緊張。我的做法是把它看成4個半小時的節目，每個節目都有開頭部分、中間部分和結尾部分。你要是也這樣，就不會覺得工作緊張得難以應付了。」

（5）單純化

傑生·艾蘭是丹佛野馬足球隊隊員，在一場比賽中也許只上場幾次，每次只一會兒。但是他一出場，所有人的眼睛都會盯著他看。為了避免受觀眾影響，艾蘭把注意力完全集中於怎樣踢那個球。「我上場時一定會這樣想：不必緊張，不能分心，」他說，「這能使我專心致志，不會受別的事情影響。要是心裡想著勝負全看這一踢，我踢的球必定進不了球門。」

（6）深呼吸

卡希每次演出之前都會覺得身體不適。「有一件事一定要記住：緊張與輕鬆之間唯一的差別就是呼吸，」這位歌星說，「上舞臺時，我會想像自己從頭到腳都在呼吸。這有助於減輕心理壓力，而不緊張。」

(7) 勇往直前

你要是發覺自己臨陣膽怯或猶豫，鼓起勇氣就可使你完全改觀。美國表演心理學專家吉姆·羅爾說，「抬頭挺胸，迫使你自己變得精神抖擻地上場。」每個人要精力集中在羅爾所說的「『積極奮鬥』，以應付面前的挑戰。」

(8) 以自嘲保全面子

美國傑出的廣告公司經理傑瑞·德拉·費米納有一次向客戶作簡介，為了讓客戶有個好印象，他特別介紹自己最近曾獲得好幾項廣告大獎。話說了一半，他發覺他的自我推銷並不怎麼受歡迎。「於是我緊急煞車，改口說：『這只不過是生活中無聊事的另一個例子罷了。』客戶挺喜歡我這樣說。」自嘲是不會為自己帶來麻煩和緊張的。

5 消除精神緊張的27種方法

精神緊張是現代社會一種十分流行的文明病，它是人的機體對現代生活節奏加快及工作緊張等刺激所作出的反應。精神緊張導致體內一些激素的內分泌失去平衡、心跳速度加快、血壓升高、新陳代謝加快或減慢。

為了消除這些不良後果，讓人們輕鬆愉快地度過人生的困難時期，法國、泰國等國有關焦慮緊張的防治研究專家提出了一系列能夠解決或減輕精神緊張的簡單易學的方法。

（1）一天的緊張總是讓你在晚上難以入睡。擺脫失眠，使您盡快進入夢鄉的辦法是：在您的耳垂上滴幾滴鼠尾草精油。

（2）堅持做放鬆運動，每天2～3次，每次5分鐘。方法是：坐在椅子上，頭和背保持正確姿勢，然後從上到下將身體每一部分的肌肉依次放鬆，順序為頸部、背部、雙臂、雙腿和雙腳。

（3）另一種放鬆的方法是按摩雙腿。坐在墊子上，先用您的大拇指在雙腳腳板上做圓周運動，按摩整個腳板，然後輕輕拍打小腿和大腿的肌肉。

（4）躺在床上，在眼睛上蓋一條疊起的毛巾，然後全身放鬆，試著不去想任何事情，如此堅持10分鐘後，一定會重新變得精神十足。

（5）為了減輕職業給您造成的緊張感，您不妨以自問自答的方式回答下面4個問題：「究竟什麼問題在困擾著我？出現這個問題的原因何在？有哪些可行的辦法能幫助我解決這個問題？哪個是解決這個問題的最好方法？」透過這種簡單而理智的分析方法，您很快就會擺脫緊張的情緒並從容地投入工作。

（6）精神緊張是使皮膚表面出現斑疹甚至發炎的重要原因，而這類皮膚又反過來影響您的情緒，使您心理失衡，未老先衰。這樣，您的精神狀態就陷入惡性循環之中，所以在皮膚出現問題時應盡快治癒。

（7）精神緊張會打亂您的血液循環規律，也會使您加速疲勞和血壓升高，並且會影響到細胞的新陳代謝。為了消除這些不良影響，請經常使用特製的抗緊張藥。

（8）當您沒有力量改變現實的時候，您必須學會從另一個角度去看待這個問題，心理學原理就是它的理論根據。請獨自對困擾您的問題進行分析，然後一定會找出恰當的解決辦法。

（9）如果您因無法擺脫對咖啡的過分依賴而苦惱，不妨試試這樣的方法：準備兩杯飲料，一杯是咖啡，另一杯為不刺激神經的普通飲料，然後將兩杯飲料混合在一起飲用。隨著時間的推移，逐漸減少咖啡的用量。

（10）日本學者的研究證明，化妝對心理健康十分有益，它能夠抑制緊張激素的分泌。因此，化妝不僅僅是一種美學和藝術行為，同時，它也能使您保持良好的精神狀態。

（11）透過每天的鍛鍊增加肺活量：平躺在床上，把手放在腹部，做深呼吸，感覺空氣在肺部的流通。每天鍛鍊5分鐘，堅持幾個星期後您一定會感到呼吸暢快多了。

（12）做一種能夠消除肌肉緊張的練習：挺身直立，兩腳分開，雙臂上舉，向右做傾斜運動；一分鐘後，再向左做傾斜運動。

（13）準備一種您喜歡的植物香水，將它滴在您的鬢角、耳垂和眼瞼上，這有助於使您擺脫緊張狀態。

（14）人體內的一些鹽分和毒素使人總是感到疲憊不堪，清除它們的方法是多喝水，在一個僻靜的角落閉上眼睛喝一杯水或桔子汁，靜坐10分鐘。

(15)維生素C是緩和日常緊張情緒的理想物質。每天早晨和中午各服 250 毫克維生素C對您保持良好心境非常有益。但是請注意，服用維生素C也不能過量。

(16)對於那些每天在電子電腦前度過許多時間的人，下面這個辦法十分靈驗：將兩個手掌做成勺狀，扣在睜開的雙眼上，每天5分鐘。半明半暗的光線環境和手掌的溫度能夠使眼球真正放鬆。

(17)肌肉的緊張會使你在一天工作之後遭受頭痛和肩痛的折磨，因此請經常注意按摩肌肉。

(18)盡可能地利用一切機會翩翩起舞，因為在放鬆肌肉和消除疲勞方面沒有任何運動能與跳舞同日而語。

(19)洗澡。淋浴或浸浴除了可緩和緊張的情緒外，還有消除疲勞之功效。

(20)烹調食物。洗、切、調味和下鍋等烹飪功夫對消除精神緊張很有效果。

(21)做針線活。拿根縫針，一邊縫縫補補，一邊讓思緒恣意所欲，情緒自然能夠鬆弛下來。編織和刺繡也是簡單而有效的鬆弛方式。

(22)聽音樂。不論是古典音樂、民族音樂，還是流行音樂，都有助於緩解緊張的情緒。

(23)演奏樂曲。如果你懂得彈鋼琴、吉他和其他樂器，不妨以此來對付心緒不寧。

(24)運動。在論及緊張和壓力時，人們差不多都把運動列為最有效的鬆弛方法之一。

(25)寫信。你一定會有久未聯繫的親友，不妨給他寫一封信，不僅可吐露、發洩一下自己的感受，同時也能讓對方在收信時驚喜一番。

(26)看電視。電視螢幕上各種有趣、開心的節目，能有效地使你暫時忘掉煩惱，舒解緊張的情緒。

(27)園藝。若你的住處有花園草地，那麼種花栽草不僅提供給你新鮮空氣，還可消除你的緊張情緒。

八、化解焦慮：心如止水好生活

1 是誰打破你心靈的寧靜

三國時諸葛亮說過：「寧靜以致遠。」一個人，只有他的內心保持寧靜，才能奔溢位智慧之源。然而，焦慮，這個人類心靈的殺手，常常使我們心智堵塞。

焦慮症是以發作性或持續性情緒焦慮和緊張為主要臨床症狀的神經症，常伴有頭昏、頭暈、胸悶、心悸、呼吸困難、口乾、尿頻、出汗、震顫和不安等明顯的軀體症狀，其緊張或驚恐的程度與現實情況不符。

我們每個人都知道什麼是焦慮：在你面臨一次重要的考試以前，在你第一次和某位姑娘約會之前，在你的老闆大發脾氣的時候，在你知道孩子得了某種疾病的時候，你都會感到焦慮。焦慮並不一定是壞事，焦慮往往能夠促使你鼓起力量，去應付即將發生的危機。焦慮是有一定積極意義的。

但是，如果你有太多的焦慮，以至於患上焦慮症，這種具有積極意義的情緒就會造成相反的作用——它會妨礙你應付、處理面前的危機，甚至妨礙你的日常生活。如果你得了焦慮症，你可能在大多數時候沒有什麼明確的原因就會感到焦慮；你會覺得你的焦慮將你的生活搞得一塌糊塗，事實上你什麼都做不了。焦慮症是一種普遍的心理障礙，在女性中的發病率比男性要高。研究顯示，城市人口中大約有4.1％～6.6％的人群，在他們的一生中會得焦慮症。

一般而言，焦慮症的起因主要有：

（1）人格因素

患者性格多有些自卑、易於緊張、恐懼、對困難過分猜想，患得患失、惶惶不安、依賴性強，對自身軀體和內臟情況過分關注。

（2）內心衝突

精神分析學派認為，焦慮來源於精神內在衝突，包括本能衝動與現實原則、本能衝動和道德準則之間的衝突。因防禦行為而使原始衝動得不到滿足或發洩，本能衝動繼續累積到某一程度時，自我的控制能力失效。由於致力於激烈的內部防禦工作，神經症患者在本能衝動負荷過盛的情況下，防禦無效則變為焦慮，表現出坐立不安、激動、浮躁、緊張與失眠。

(3) 遺傳因素

據統計，焦慮症在患者的親族中發病率為14%，而一般居民為5%，單卵雙生子的焦慮同病率為41%，而雙卵雙生子的同病率僅為6%，故專家認為焦慮可能與遺傳基因有關。

(4) 生理因素

在焦慮發作時常有腎上腺素和去甲腎上腺素量的增加，但可能是伴發而非誘因。有研究發現，在運動後焦慮症者其乳酸分泌遠較正常者多，另外輸注乳酸也可激發焦慮。

2 患有焦慮症的反常表現

(1)迫在眉睫

患者自己感到危險迫在眉睫，不幸即將來臨，故惶惶不可終日。

(2)迫不及待

不確定意味著不安全，患者感到身處險境，迫不及待地追求安全確定。

(3)自我失控

感到自我失去控制，好像就要發瘋，或即將會死去，或即將失去理智，伴有強烈的恐懼感。

(4)自我懷疑

覺得自己對任何事情都拿不準，難以掌握，懷疑自己的工作能力，常猶豫不決、無所適從。

（5）自我虐待

有明顯的自我折磨、自我虐待傾向，患者往往要求家人或醫生重視自己，自己卻在不斷地虐待自己。

（6）高度警戒

好像面臨緊急處境，高度警戒，心跳加快，肌肉緊張，或戰或逃，隨時準備抉擇，對外界資訊輸入特別敏感，尤其怕噪聲，普通強度的談話聲或腳步聲都會令他難以忍受。

（7）高度關注

對自身的身體變化高度關注，容易產生疑病觀念；對外人的表情態度高度專注，容易產生敵對和攻擊的現象。兩者均可導致過分的冥想，產生內向性思維。

（8）高度疲乏

因長時間高度戒備，精神及軀體均嚴重耗竭，很多患者會感到高度的疲乏。

(9) 無能為力

感到自己在處理個人事務上無能為力，對自己軀體與精神上的痛苦體驗無力改變，凡事窮思竭慮但無力擺脫。

(10) 無力迴避

自覺危險與不幸即將降臨，無力迴避。想逃，但又無從逃脫，好像處於天羅地網中無處藏身。

(11) 無法自拔

陷於自我懷疑，沉溺於內心活動或身體感受之中，不能自拔，凡事總向壞處想，胡思亂想，不能自制。

(12) 無病呻吟

患者沒有相關的軀體疾病症據而有諸多內感不適，各項檢查陰性的軀體化症狀使家人百思不得其解，容易引起家人誤會，以為是詐病、無中生有，從而減少對患者的支持與關愛。

3 放鬆術和停止技巧：使你的心靈回歸平靜

上臺演講或表演節目時，有的人會手腳發抖，頭腦發暈，說話結結巴巴；見到異性、主管或陌生人時，有的人會緊張不安，心跳加快，臉部發紅……所有這些表現，都可以視為一種焦慮反應。在日常生活中，當面臨應急或危險時，每一個人都會感到擔憂、害怕或焦慮。在大多數情況下，這些情緒反應是正常的，如果反應過於強烈，或體驗到與事實不相符的反應時，就可能產生危害，需要透過適當的方式進行自我心理調整。

心理學家研究發現，人在肌肉放鬆條件下的情緒狀態與緊張焦慮時的身心反應是互相對抗的，兩者難以相容，一種狀態的出現必然會抑制另一種狀態。為此，可以透過訓練，誘發全身各部分的肌肉放鬆，以克制人們在緊張焦慮時的情緒反應，使身心達到一種泰然的境界。有時，簡單的身體動作能使你的肌肉和關節得到放鬆與伸展，有助於集中意念，達到內在的寧靜，使你感到煥然一新。別小看下面的練習，在熟練掌握後，你可以運用於各種場合，尤其是在使你感到緊張和焦慮不安的情況下，依靠它在很短的時間內即會使自己得到放鬆。

（1）三分鐘放鬆運動

一分鐘「抬上身」——要求緩慢地使身體向下觸及地面，雙臂保持俯臥撐姿勢，然後雙手向下推，胸部離開地面，同時抬頭看天花板，吸氣，然後再呼氣，使全身放鬆。

一分鐘「觸腳趾」——雙手手掌觸地，頭部向下垂至兩膝之間，吸氣。保持這個姿勢，再抬頭挺胸，同時呼氣，然後全身放鬆。

一分鐘「伸展脊柱」——身體直立，雙腿併攏，在吸氣的同時將雙臂向上伸直舉過頭，雙掌合攏，向上看，伸展軀幹，背部不能彎曲，然後呼氣放鬆。

（2）三節放鬆操

第一節：用鼻深深地吸一口氣，把氣憋住，然後用口慢慢地撥出氣。反覆兩三次後，你會感到特別舒暢。

第二節：把雙手平放在沙發扶手上，掌心向上。先握拳，越握越緊，你會發現肌肉緊張堅硬，產生緊張的感覺。然後慢慢放鬆，這時雙手有微微發熱、發酸之感，接著變得痠軟、沉重又很舒服。連做兩三次，能使全身得到放鬆。

第三節：抬起雙臂，向後彎曲。隨後手掌使勁向肩部摸去，前臂和上臂的肌肉越來越緊張。然後完全放鬆，你會感到兩臂的肌肉變得疲軟無力，鬆弛舒服。接著來幾次，全身頗感輕鬆。

（3）停止思考法

如果你的身心被那些分心的想法或觀念所壟斷，那麼你就會變得焦慮異常。停止思考法的步驟很簡單，先讓自己在心裡牢記困擾你的想法或觀念，治療者在得到你的訊號後，大聲喊道：「停！停！停！」反覆多次後才停止。訓練一段時間後，你可以在治療者大聲喊「停」的同時，自己的心中也喊「停」，還能夠讓自己去思考一些別的事，或者去做可以吸引自己的事。停止思考法效果明顯，若困擾你的念頭不是十分嚴重，只要在心裡反覆對自己說：「不！我不再去想它了！」便可達到目的。

4 焦慮性神經症的心理調適

(1) 自我放鬆

自我放鬆，也就是從緊張情緒中解脫出來比如：在精神稍好的情況下，去想像種種可能的危險情景，並按危險情景的程度由弱到強進行想像，重複進行，直至任何危險情景或整個過程都不再使你體驗到焦慮為止。或者面對使自己害怕的目標或情景，把每個情景分解成可達到的多個小目標，然後循序漸進，最終適應這個情景。這兩種方法可稱為「逐級暴露法」，在使你逐漸增強心理承受能力。

(2) 自我反省

有些神經性焦慮是由於患者對某些情緒體驗或慾望進行壓抑，壓抑到無意識中去了，但它並沒有消失，仍潛伏於無意識中，因此便產生了病症。發病時只能感受到痛苦焦慮，而不知其因。因此在此種情況下，你必須進行自我反省，把潛意識中引起痛苦的事情訴說出來。必要時可進行發洩，發洩後症狀一般可消失。也可在自省後採用「挑戰憂慮性思想」的方法。各種片面或錯誤的想法將導致憂慮的惡性循環，使焦慮不斷更新。挑戰憂慮思維是透過減少憂慮思維的負面作用，以緩解和擺脫焦慮。透過三個步驟即可：識別憂慮性思維；挑戰憂慮性思維；尋找合理的思維方式代替憂慮性思維。

(3) 自我刺激

焦慮性神經症患者發病後，腦中總是胡思亂想，坐立不安，百思不得其解，痛苦異常，此時，患者可採用自我刺激法，轉移自己的注意力。如在胡思亂想時，找一本有趣的、能吸引人的書讀，或從事緊張的體力勞動，忘卻痛苦的事情。這樣就可以防止胡思亂想，同時也可增強你的適應能力。

(4) 自我催眠

焦慮症患者大多有睡眠障礙，很難入睡或突然從夢中驚醒，此時你可以進行自我暗示催眠。如：可以採用數數，或用手舉著一本書讀等方法促使自己入睡。

在採取以上方法進行自我調適的同時，還必須使用抗焦慮藥。常用的有安定、利眠寧等，可以口服也可以進行肌肉注射。

5 用自我調適擺脫焦慮症

許多人常常被焦慮症深深地折磨著，整日惶惶不安，腦海裡往往有許多問題在盤旋，卻不知如何解脫才好。不妨用以下方法試試。

（1）對自己說：我不是完美無缺的

有些人因為過於顧及臉面和名譽，總是在尋求完美，生怕有所缺陷，一旦難以達到這個目標，就會焦慮不安。其實世界上沒有一個人是完美無缺的，人人都有缺陷，都有不足。因此要有勇氣對自己說：我不是完美無缺的，我只想盡力而為。這樣你的心情就會慢慢放鬆下來，不會總是處於莫名其妙的緊張狀態之中。

（2）對別人說：你的評價僅供參考

人產生焦慮症還因為過於關注別人對自己的評價，害怕自己給別人留下不好的印象，得不到別人的讚揚。實際上一個人的情感、觀點、說話、處事等，很難得到所有人的稱讚，總會遇到反對意見。所以要有勇氣對別人說：你對我的評價僅供參考，我不能為了迎合你的意見而生存。這樣就不會為了顧及他人的需求而整日心神不定了。

(3)對挫折說：沒關係，我可以排除你

生活中充滿意想不到的挫折，挫折會構成心理壓力，有些婦女的焦慮症就是由此而引起的。因此遇到挫折時，可以用宣洩的方法來釋放由挫折造成的內心鬱悶。如向好友一吐為快；或外出旅遊，讓湖光山色沖淡不良心緒等等。總之，要盡快走出由挫折所造成的困境，不要讓挫折變成心理上的壓力。

九、遠離憂慮，讓自己快樂起來

1 憂慮是人生中的隱形殺手

對於跋涉在成功道路上的人來說，成功的每一步都要付出艱辛，相伴而來的是焦躁和憂慮，這些不良的情緒是不可避免的。但是，如果長期生活在憂慮和緊張之中的人，心理狀況是極為混亂的，漸漸會形成一種思維定式，這種思維定式會直接影響自己的精神和行為，造成不良的後果。

曾經獲得諾貝爾醫學獎的亞歷克西斯·卡銳爾博士說：「不知道抗拒憂慮的商人都會短命而死。」在談到憂慮對人的影響時，一位醫生說，有70%的人只要能夠消除他們的恐懼和憂慮，病就會自然好起來。這些病都是真病，比如胃潰瘍，恐懼使你憂慮，憂慮使你緊張，並影響到你胃部的神經，使胃裡的胃液由正常變為不正常，因此就容易產生胃潰瘍。

憂慮也容易導致神經和精神問題。著名的梅奧兄弟宣布，我們有一半以上的病床上躺著患有神經病的人。可是，在強力的顯微鏡下，以最現代的方法來檢查他們的神經時，卻發現大部分人都非常健康。他們「神經上的毛病」都不是因為神經本身有什麼異常的地方，而是因為情緒上有悲觀、煩躁、焦急、憂慮、恐懼、挫敗、頹喪等的情形。

隨著現代醫學的進步，已經大量消除了可怕的、由細菌所引起的疾病，可是，醫學界一直還不能治療精神和身體上那些不是由細菌所引起，而是由於情緒上的憂慮、恐懼、憎恨、煩躁，以及絕望所引起的病症。這種情緒性疾病所引起的災難正日漸增加，日漸廣泛，而且速度快得驚人。精神失常的原因何在？沒有人知道全部的答案。可是在大多數情況下，極可能是由恐懼和憂慮造成的。焦慮和煩躁不安的人，多半不能適應現實生活，而跟周圍的環境隔斷了所有的關係，縮到自己的夢想世界，以此解決他所憂慮的問題。

憂慮還容易導致關節炎和其他疾病。康乃爾大學醫學院的羅素·塞西爾博士是世界知名的治療關節炎權威，他列舉了四種最容易得關節炎的情況：婚姻破裂、財務上的不幸和難關、寂寞和憂慮、長期的憤怒。

對於女人來說，憂慮就像是一名隱形的殺手，再沒有什麼會比憂慮使一個女人老得更快，而摧毀她的容貌。憂慮會使我們的表情難看，會使我們咬緊牙關，會使我們的臉上產生皺紋，會使我們愁眉苦臉，會使我們頭髮灰白，有時甚至會使頭髮脫落。憂慮會使你臉上的皮膚發生斑點、潰爛和粉刺。憂慮就像不停往下滴、滴、滴的水，而那不停地往下滴、滴、滴的憂慮，通常會使人心神喪失而自殺。在哈爾濱某醫院的病房裡，有一位老人，她不是醫生也不是護士，她在醫院裡幫助患者做自己力所能及的事，她在這個醫院裡，贏得了人們的尊重。原來，這位老人早在8年前就患上了癌症，當她得知自己的病情之後，沒有想到自己的生命還有多少時間，而是極力安慰那些比她年輕的患者，鼓勵他們戰勝病魔，在老人的帶動下，醫院的重患病房裡自發地成立了「抗癌協會」，他們每天組織在一起讀書、看報紙，走出病房去晒太陽。他們忘記了自己的病痛，快樂地面對每一天。結果，奇蹟發生了，他們當中有許多人症狀明顯減輕，有的已經戰勝了癌症，重新回到了工作的職位。而這位當年已經被醫生斷定只有三個月生命的老人又整整活了8年，直到現在她仍然頑強地活著，每一天她都在用她自己生命的能量影響著大家，戰勝病魔，找回健康。應用心理學之父威廉·詹姆斯教授曾經告訴他的學生說：「要願意承擔這種情況……能接受既成事實，就是克服隨之而來的任何不幸的第一個步驟。」林語堂先生在他的《生活的藝術》裡也談到了同樣的概念：「能接受最壞的情況，在心理上就能讓你發揮出新的能力。」

當我們接受了最壞的情況之後，就不會再損失什麼，這也就是說，一切都可以尋找回來。「在面對最壞的情況之時，」威利斯．卡瑞爾告訴我們說：「我馬上就輕鬆下來，感到一種好幾天來沒有經歷過的平靜。然後，我就能思考了。」他的說法很有道理。

可是現實中還有成千上萬的人因為憂慮而毀掉自己的生活。因為他們拒絕接受最壞的情況，不肯由此做出改進，不願在災難中盡可能搶救出一點東西，他們不但不願意重新構築自己的財富，還沉浸於過去失敗的記憶中不能自拔——終於，使自己成為憂鬱情緒的犧牲者，他們摧毀了自己奠定成功的最後一塊基石——健康。

人生，要有接受最壞情況的心理準備，用恬淡的心情迎接每一個日出、日落，這才是生命的真諦。

2 哪些人容易憂慮成疾

長期憂慮不能自拔容易引發憂鬱症。一般而言，具有「執著性格」的人比較容易患憂鬱症。所謂「執著性格」是指做任何事都要求徹徹底底、十全十美。這型別的人多半做事認真、意志集中、要求標準很高、有很強的正義感與責任感，不會馬虎草率或懶散。

事實上，執著性格的人比較值得信賴，在社會上很容易成為模範人物。他們做事情認真且有耐心，但長期過度工作而不知休息的結果，很可能就出現嚴重身心問題，這是缺點所在。因此，這種型別的人最好適度地休息，否則便會因過度勞累而降低工作效率，甚至整個人陷於憂鬱或崩潰的狀態。

執著性格強烈的人趣味多半比較少，即使放假日也得找事情做才不會無聊。他們一旦手邊無事可做就無所適從，因此，他們的興趣經常就是工作與讀書。

而「憂鬱狀態」指整個人陷於悲觀狀態、整天有氣無力、沒有喜怒哀樂，不是吃不下飯體重明顯降低，就是毫無節制地大吃特吃，一下子胖了起來。這種問題的人多半睡不著覺，整天無精打采，也有因此而過度昏睡的例子。

除了上述狀況之外，處在憂鬱狀態中的人話很少，看起來很冷靜，精神無力，什麼事也不想做，甚至認為自己已經一無是處，或者不斷責怪自己過去的失敗，無法健康地面對自己。當然，在這種狀況下，思考力與集中力都會大大地減退。面對許多事情時，很難下決定，有些憂鬱症特別嚴重的人可能會想自殺。

面對這種已經陷於悲觀、厭世的憂鬱症患者，有的心理醫生認為，在他們腦中已經一片空白、所有肯定與鼓勵都無效的狀態下，不應該再拚命「鼓勵」他們。因為有這種問題的人其實已經「認真過度」了。如果到了這種情況還要求他們「加油！」豈不太殘酷了？所以，既然這種人的問題在於缺乏休息，因此，不妨讓他安靜放鬆，說不定就可以恢復過來。

但不論「憂鬱親和型性格」或「執著性格」都特別重視維持一定的秩序。因為只有在秩序井然的狀態下，這種型別的人才能夠安心。相對地，他們對於環境變化的適應力似乎較弱，因此，換工作或轉學、搬家乃至於親人過世等生活秩序的變化，便會對他們產生很大的威脅。

現代社會人們移動性越來越高，患這種心理症狀的人也越來越多，因此被稱為「搬家憂慮症」。這種情形經常出現在家庭主婦身上，她們常因為突然失去長久熟悉的環境，陷入無法適應新環境的危機。

另外，也有所謂的「升遷憂慮症」。對於許多人而言，升遷當然是件好事，但基本上它代表著工作內容改變、自己被要求的功能與角色也不同了。換言之，當事人必須改變過去的工作習慣，才能適應新的環境。然而，這種改變對於憂鬱親和型性格以及執著性格的人而言卻相當困難。所以，即使大多數的人都喜歡升遷，但對這兩種型別的人來說，升遷卻代表另一個危機。

是的，對環境適應能力薄弱、缺乏應變彈性的人，是在現代文明社會常出現的。其原因則是傳統價值觀瓦解、個人自由受約束、價值觀多樣化與相對化明顯等，因此，人際關係的規範或默契大幅度變化、找不出共同規則；再加上生產技術及生活環境、日常用品都不斷改變，在憂鬱親和型性格及執著性格人眼中，便有每天都在面對不同危機的感覺。

另一方面，是社會富裕的結果，人們對於只知道工作、反省力強、認真且講究道德的人越來越不欣賞，認為他們太過古板。這難免讓憂鬱親和型性格及執著性格的人覺得好像不被重視了。確實，在這個流行輕薄短小、不必太認真的現代社會，只知道工作而不懂生活享受的人，日子可能會很難過。所以，現代化生活對這兩種性格的人來說，還真的是非常大的考驗。

似乎可以這樣歸納，當我們的社會出現越來越多憂鬱症狀的人時，是不是也代表現代文明生病了呢？

3 輕鬆愉快：化解憂慮的良藥

學會調節自己的情緒，使自己變得輕鬆愉快起來，是心理健康的一個標準。人生在世，憂愁不少，能否化憂愁為歡樂，從憂愁中超脫出來，本身就反映一個人的情緒調控能力。

愉快是人類的一種基本情緒，心理學家一般把它分為三類：

(1) 感覺愉快

它是指人們在某種場合、情景中所產生的某種輕鬆、宜人的感覺。它可以包括疲勞時沖熱水澡所得到的舒適感；通過體育考試之後的輕鬆感等等。產生這種愉快感的原因可以是不同的：既有物理的、生理的原因，也有社會的、自然的原因。在進行了較長的緊張繁忙的工作、學習之後，與朋友、同事或家人到風景旖麗、氣候宜人的地方去度假，不失為調劑心境之舉，它會使你產生一種心曠神怡的感覺；也可以到優雅別緻的藝術館、令人讚嘆不已的博物館或者使你心潮起伏的音樂廳，它會有令你流連忘返之感。這種情感的來源就在於感覺上的愉悅。

(2) 內驅力的愉快

它指當人們在生理上得到滿足時所產生的快感。這種感覺主要包括食慾、渴感、性慾等方面的滿足感和排洩後的輕鬆感。內驅力是人類維持有機體體內平衡、生物週期循環的一種機制。當生物節奏出現失調或體內失衡時，往往會使有機體為重新滿足生理需求引起內驅力的產生。舉個例子，我們在非常飢餓的時候吃上一頓可口的飯菜，使機體對食物和水分的需求得到緩解之後，內驅力啟用程度下降，需求的滿足導致緊張的解除，從而產生明顯的輕鬆愉快的感受。

(3) 現實中的愉快

它指人們在娛樂、嬉戲、玩笑中所產生的愉悅之感。如每當節日晚會、同學聚會、朋友來訪或家人團圓的時候，都會產生一種歡樂、祥和的愉快之感。它們不僅是人類生活中不可或缺的一部分，而且也是人們情感享受的一個途徑。逗人的相聲、滑稽的戲劇、詼諧的表演、幽默的笑話都會帶來歡快的笑聲、親密的情感、鬆弛的神經，有利於大家的身心健康。

以上幾種經常遇到的愉快感確實可以造成調節人們生活情趣的作用，可是這些型別的愉快只是其中的一部分，真正持久而又深刻的歡樂，是在人類有意義的活動中產生和形成的。因為受到社會認同的成果，可以增強得主的自信，激發一種自我實現的滿足感。因此，藝術演出的成功、競賽中的獲勝、科學發現的產生、高中畢業生獲得自己理想大學的入學通知書等等，不僅本身具有社會或個人的價值，而且可以為成功者帶來發自內心的喜悅。

幽默是使人避免緊張尷尬，產生輕鬆愉快心情的一個重要途徑。人們對同樣的刺激是激發積極的情感還是引起消極的情緒全在一念之間。有時我們如果以寬容的心情和幽默的態度對待他人有意或無意施加的羞辱和難堪，往往可以從消極的情緒中解脫出來，免得事態惡性發展。下面的例子就可以說明幽默的妙用。

春秋戰國時期，孔子有一次在鄭國與弟子們失散了，他只好獨自站在城郭東門等候。一個鄭國人對孔子的弟子子貢說：「東門有個人，長得奇形怪狀，累得好像喪家之犬。」子貢把這句話告訴了自己的老師，孔子坦然笑道：「說我像喪家之犬？確實是這樣，是這樣的啊！」身為至聖先師的孔子居然能在學生面前對這種汙辱性的語言一笑了之，的確表現出萬世師表的氣度。

當你心情開朗、神情自若時，對於那些蠅營狗苟、一副小家子氣的人，就會覺得他們表演得實在可笑。但是，凡人都有自尊心，有的人自尊心特別強烈和敏感，因而也特別脆弱，稍有刺激就有反應，輕則板起臉孔，重則馬上反擊，結果常常是爭了面子沒面子。善於自嘲的人心裡就踏實得多，自尊心不會輕易受到傷害。你說我傻瓜，我說謝謝你的讚譽，你還能說什麼呢？自嘲不是一種自貶或怯弱，而是一種瀟灑的自尊，大度的情懷。在人際場上、官場上和生意場上，自嘲是輕鬆地保持自尊的武器，就是真的遇到難堪的人、尷尬的事，自嘲一句便可找到臺階。

春秋戰國時期，張儀是個巧舌如簧的人，他到處遊說諸侯，但有一次卻因誤會被人痛打了一頓。等他回到家裡，他妻子就說：「哈哈，假如你不讀書遊說，怎麼會有這樣的羞辱呢？」張儀對他的妻子說：「你看看我的舌頭還在不在？」妻子回答：「舌頭還在。」張儀說：「這就夠了。」這充分表現了張儀幽默樂天的性格。

幽默的特質從某種意義上是一個人心理健康的表現。假如一個人將生活中的酸甜苦辣，得失榮辱都可以付之一笑的話，還有什麼看不開的呢？假如一個人過於現實，老於世故，那麼也就難有幽默之感。

輕鬆愉快還可以在與人交往的過程中產生，從相互信任中得到。每個人都是社會的一分子，當你滿足他人需求的時候，也得到了對自己本身能力的了解以及他人的信賴，從而增強了自信心；而當你需要別人鼓勵、支持和幫助的時候，也容易在得到滿足的同時，產生對他人和團體的信任和尊重，這樣的人將會感到幸福快樂。鄭板橋說過：「為人處，即是為己處。」意思是替他人著想，也就是為自己打算。這跟現在所講的「我為人人，人人為我」是同一個道理。一個性格開朗的人往往可以感染周圍的人，因而容易與人建立良好的人際關係，這種密切的關係又反過來為人們帶來輕鬆愉快的感受。而孤獨無友的人卻相反，他們體驗不到這種人間快樂的真諦。

人們的微笑，常常是產生良好人際關係的引發因素。它有助於友誼的建立，有利於彼此之間的互相幫助、互相諒解和互相信賴。它會使人們勇於承擔社會義務。有研究顯示，經常臉上出現喜悅神情的兒童最容易與同伴相處，常常得到別人的喜愛，擁有比別人更多的朋友；同時他們也更多地表現出同情心，更喜歡探索、冒險和積極進取。

輕鬆愉快還有激勵、強化人們能量、膽識、自信心的作用。心理學家維斯曼（A Weissman）曾制定了一個個人感受量表對43名大學生進行測試，並按照測試的結果以愉快程度和穩定性兩個維度將他們的特點分為以下四種型別：

①愉快型：熱情、精力充沛、性情開朗、好奇、有興趣、活躍等；

②不愉快型：最好的心境是放鬆、平靜等；

③心境穩定型：滿足、與他人相處和諧、安靜、愛、溫和等；

④心境多變者：滿意、較熱情、很自信、滿不在乎等。

維斯曼發現，屬於愉快型的學生表現得更加自信、樂觀、有才能和容易成功；他們與別人的關係更加融洽、誠懇、相互幫助和相互激勵；他們的工作目的性強、有連續性，能明確工作的意義，在工作中更能發揮出創造性，解決問題乾脆俐落，常常在工作和社會交往中得到滿足。屬於不愉快型的學生缺乏自信、熱情，容易悲觀，在與人的交往中常常感到恐懼、惱怒、內疚、尷尬、畏縮，重細節而少創見，工作中往往感到任務多、負擔重、滿意程度低，失敗時過於自我譴責，自我肯定和自我整合能力較弱，經常感到挑戰和威脅的存在。

輕鬆愉快還有一個妙用，就是它能使學習、工作等活動所造成的緊張得到鬆弛、釋放。假如我們的工作、學習甚至生活總是匆匆忙忙、緊緊張張，不能歇下來喘口氣的話，那麼這樣的人生也未必有意義，而且在我們要達到目標的過程中，來自外界和自身的壓力自然而然地會使我們產生一些失誤或挫折，從而引起對這種結果的擔憂、恐懼、害怕或者痛苦。這些消極的情緒又可以導致生理和心理的疾病，如心血管疾病、糖尿病、胃潰瘍、哮喘乃至癌症等疾病，以及神經過敏、情緒性緊張、焦慮症和憂鬱症等心理上的不健康。

越來越多的數據證明，許多身體的疾病往往與心理上的不健康有很大的關係。因此，經常保持如輕鬆愉快、高興熱情等良好的心理狀態可以對緊張、焦慮造成緩解、調節的作用，從而減少疾病的發生。

當然，如果輕鬆愉快所引起的放鬆狀態持續過長的話，也不利於思維強度較高的腦力活動和一個人意志力的培養。有研究顯示，過分緊張和過分放鬆都不利於提高腦力勞動和體力勞動的效率。因為當人們從事智力活動的緊張程度完全鬆弛下來以後，人們智力技能的操作也隨之減緩、拖長或停止。只有當人的情緒被重新激發並導致大腦中樞神經的興奮和情緒達到一定的緊張程度時，智力活動才會積極地進行並進入最佳的狀態。所以，輕鬆愉快並非無止境地持續下去的，它仍需要本人有意識地調節，過分陶醉快樂之中，容易使人消極懶散，貪圖享受，不思進取。

4 趕走憂慮的快樂處方

柏傳德·羅素曾說過：「快樂之道如下：盡可能地使自己的興趣寬廣，並對引起自己興趣的人和事，不做敵對的反應，而做友善的反應。」這段話給我們一種啟示，如果我們想使自己快樂起來，就要學會培養自己積極、友善、健康、正面的思想，做必須做的事，並且把一切令自己擔憂的事從腦袋中清除出去，全神貫注地進行學習和工作，那麼消極的情緒就會出人意料地煙消雲散。美國船舶製造商亨利·凱撒是一個充滿樂觀、自信和快樂的人，他曾經領導他的下屬在第二次世界大戰中製造了一千五百多艘船，其造船速度令全世界大吃一驚。可是當他要求人們每10天建造一艘船的時候，專家都極力反對，認為這是不可能做到的事。然而凱撒卻做到了，並且後來他建立了幾家以他名字命名的公司和擁有10億多美元的資產。不僅如此，他還具有一顆善良、慷慨、仁慈的心，捐獻大量的錢給社會醫療事業，治療無力承擔醫療費的窮人。所有這些，應歸功於他母親早年所給的無價之寶——教他如何運用人生最偉大的價值，熱愛人和享受勞動的歡樂。據亨利·凱撒回憶：「我的母親最早教給我對人的熱愛和為他人服務的重要性。她經常說熱愛人和為人服務是人生中最有價值的事。」當一個人遇到挫折、得了疾病或者碰到什麼不順心的事情時，更要振奮自己，使自己快樂起來，這樣，才能最後戰勝困難。很久以前，美國印第安那州一位叫英格萊特的人得了猩紅熱，當康復出院之後，又發現自己患上了腎病，雖然多方求醫，可是誰也無法治好他。非但如此，過了一段時間，他又得了併發症，醫生通知他的家人為他準備後事。

他回到家裡，知道自己所有的保險金都付過了，就向上帝懺悔自己以前所犯的各種錯誤，然後坐下來沉思，想到自己帶給別人的憂慮，想到家人的難過，想到自己這段時間以來憂鬱的情緒。於是默默地對自己說：你這樣子簡直像個大傻瓜。你在一年之內恐怕還不會死，為什麼不趁自己還活著的時候，快快樂樂呢？

從此，他挺起胸膛，露出微笑，試圖讓自己表現出一切都正常的樣子，強迫自己開心、快樂。儘管開始的時候覺得挺困難，但終於做到了，並且在後來的幾個月裡，身體逐漸好了起來。這是他的愉快、勇氣和樂觀的態度挽救了自己的生命，而且還使他身邊的人快樂。為了使自己，也使別人快樂起來，讓我們共同享用西貝兒·派屈吉所寫《只為今天》——一個能夠每天使自己產生快樂而又振奮精神的訓練方案：

（1）只為今天，我要很快樂。如果林肯所說的「大部分的人只要下決心都能很快樂」這句話是對的，那麼快樂是來自內心，而不是存在於外在。

（2）只為今天，我要讓自己適應一切，而不是試著調整一切來適應我的慾望。我要以這種態度接受我的家庭、我的事業和我的運氣。

（3）只為今天，我要愛護我的身體。我要多加運動，善自照顧，善自珍惜，不損傷它、不忽視它，使它能成為我爭取成功的好基礎。

（4）只為今天，我要加強我的思想。我要學一些有用的東西，我絕不做一個胡思亂想的人。我要看一些需要思考、更需要集中精神才能看的書。

（5）只為今天，我要用三件事來鍛鍊我的靈魂：我要為別人做一件好事，但不要讓人家知道；我還要做兩件我並不想做的事，而這就是為了鍛鍊。

（6）只為今天，我要做個討人喜歡的人，外表要盡量修飾，衣著要盡量得體，說話低聲，行動優雅，絲毫不在乎別人的譭譽。對任何事情都不挑毛病，也不干涉或教訓別人。

（7）只為今天，我要試著只考慮怎麼度過今天，而不把我一生的問題都想一次解決。因為我雖能連續12小時做一件事，但如果要我一輩子都這樣做下去的話，就會嚇壞了我。

（8）只為今天，我要訂下一個計畫。我要寫下每小時該做些什麼；也許我不會完全照著做，但還要訂下這個計畫；這樣至少可以免除兩種缺點——過分倉促和猶豫不決。

（9）只為今天，我要為自己留下安靜的半小時，輕鬆一番。

（10）只為今天，我要心中毫無懼怕。特別是，我不怕快樂，我要去欣賞美的一切，去愛，去相信我愛的那些人會愛我。

5 擺脫憂慮的明智方法

憂慮是人在不利環境下產生的一種情緒抑制，會給人帶來很多害處。因此，學會有針對性地採取相應措施，擺脫憂慮，是很有必要的。

面對憂慮怎麼辦？常有人用「一醉解千愁」的自我麻醉辦法，這不足取。因為這是消極的，不但不能解決實際問題，還會愁上加愁。明智的方法應該是這樣的：

（1）正視現實

凡是憂慮，大多有其原因，不論是主觀的還是客觀的，都要「既來之，則安之」，要懂得「車到山前必有路」的道理。愁不能解決問題，重要的是行動。

（2）轉移目標

人在發愁時，往往是集中精力苦思冥想地面對現實的愁事，這樣無助於擺脫憂慮。要把注意力轉移到另外一件事上，把希望和明天結合起來，心裡才能有一線希望，對未來才有光明感。注意力轉移的目標最好是與切身利益相關的有可能實現的事物上，以此增加勇氣，堅定信心。

（3）鍛鍊意志

每個人都有自己的個性。憂鬱、孤獨、多愁善感、感情脆弱的人，最容易滋生憂慮。因此，平時就要注意個性的修養，其中最主要是意志的鍛鍊。修養高的人具備穩定的心態，不會因小事而激怒，更不會無端地發愁，能控制自己很好地適應客觀環境。

（4）求醫問藥

對確有原因導致憂慮者，若長時間不能自拔，可求心理醫生幫助，也可遵醫囑用些藥物，很快就會解決問題，這樣能預防罹患疾病。

十、克制憤怒：制伏心中的狂躁

1 憤怒是一種常見的消極情緒

有的人愛發脾氣，容易憤怒，稍不如意，便火冒三丈。人發怒時極易喪失理智，輕則出言不遜，影響人際關係；重則傷人毀物，有時還會造成難以挽回的損失，事後追悔莫及。

憤怒是一種常見的消極情緒，它是當人對客觀現實的某些方面不滿，或者個人的意願一再受到阻礙時產生的一種身心緊張狀態。在人的需求得不到滿足，遭到失敗，遇到不平，個人自由受限制，言論遭人反對，無端受人侮辱，隱私被人揭穿，上當受騙等多種情形下人都會產生憤怒情緒。憤怒的程度會因誘發原因和個人氣質不同而有不滿、生氣、憤忿、惱怒、大怒、暴怒等不同層次。發怒是一種短暫的情緒緊張狀態，往往像暴風驟雨一樣來得猛，去得快，但在短時間裡會有較強的緊張情緒和行為反應。

易怒者與其個性特點有關，大都屬於氣質型別中的膽汁質。膽汁質的人直率熱情，容易衝動，情緒變化快，心理和行為靈活而快捷，脾氣急躁，容易發怒，像《水滸》中的李逵和《三國演義》中的張飛就屬於這種型別的人。易怒還與年齡有關，青年人年輕氣盛，情緒衝動而不穩定，自我控制力差，比成年人更易發怒。

憤怒的情緒對人的身心健康是不利的。人在憤怒時，由於交感神經興奮，心跳加快，血壓上升，呼吸急促。經常發怒的人易患高血壓、冠心病等身心疾病，憤怒還會使人缺乏食慾，消化不良，導致消化系統疾病，而對一些身心疾病的患者，憤怒會使病情加重，甚至導致死亡，這一點古人早有認知，如中醫認為「怒傷肝」、「氣大傷神」等。

2 引發憤怒的情緒之源

憤怒經常與挫折感、阻力、威脅、被忽視、被苛責相關，因為有些人或事總是不像我們希望的那個樣子。從進化的角度而言，憤怒使我們有更多的精力來克服阻力，達到目標；還可以使我們在衝突的情境中，更有力量進行戰鬥。因此，憤怒是一種自然反應。憤怒還可以成為威脅他人的武器，迫使他人就範。各種形式的報復正表現了憤怒的功用。當然，我們不發怒也一樣會解決問題。同樣，我們也可以不體驗憤怒，就強迫甚至威脅他人。但是在憂鬱狀態下，逼迫他人常常包含著憤怒。

憤怒情緒有時也包含無能為力的感覺，即我們感到自己對所憤怒的事物無能為力。這可能是因為我們覺得做什麼都將於事無補；也可能認為憤怒不大好，會令我們變得不再可愛；抑或是認為我們沒有資格發怒。當我們產生這樣的體驗時，我們會感到自己凡事都順服於他人，認為別人遠比自己有力量。儘管憂鬱性行為反應能夠強而有力地影響他人，但憂鬱的人很少認為自己是強而有力的。

憤怒依賴於某種觀念。如果某人無意中傷害了你，你的憤怒程度遠比他人故意傷害你時小得多。問題是，即使他人沒有故意傷害你，你仍會體驗到被人傷害的感覺。例如，當親人撒手而去的時候，我們顯然知道他不是故意死亡的，但我們仍會無比憤怒：「他怎麼可以捨我而去呢？」事實上，悲傷中的憤怒是不常見的。有時，這種憤怒會指向他人——例如，我們向救治的醫生發怒。

與挫折感類似，我們既可能對外界（例如他人）發怒，也可能向自己發怒（內部折磨者）。換句話說，面對困難，我們可能會自責，也可能責備他人。表達憤怒的方式也是如此，有時它是向外的（如指向他人），有時它是內向的（如指向自身）。當我們感到自己正在發怒時，我們指向自己的憤怒會愈發強烈。是什麼引發了憤怒？

憤怒常見的導火線是：我們感知到，我們所珍視的東西正受到某種形式的威脅、破壞或阻礙。其中包括：

①自我觀念（軀體或自尊心）；

②我們的所有物；

③我們的計畫和目標；

④我們的生活方式。

通常，我們認為他人以某種方式侵犯了我們，或對我們做了某些不當做的事。但並不是所有的憤怒都與被侵犯有關係。憤怒最重要的來源是充滿威脅的情境。這些威脅經常與被破壞、被傷害感相關，它可以各種形式出現，引發憤怒。

(1)與挫折有關

挫折引發的憤怒，常產生於事不遂願之時。例如，早晨汽車發動不了，其直接的影響是我們不能按時上班。應激與憂鬱能夠降低我們的挫折耐受性，使我們易於發怒。在應激狀態下，我們通常更容易對阻礙我們的事物發怒。另外，一些基本觀念也會影響我們的挫折耐受性，例如，「這事不應該發生在我身上」，「這將嚴重干擾或阻礙我的計畫」。

(2)與傷害有關

當他人威脅我們，或以某種方式傷害我們的時候，我們會感到憤怒。如果我們認為這種傷害是有意的，或是由於對方粗心大意造成的，那麼我們的憤怒將大於我們認為是無意或是不可避免的情況。我們的憤怒常表現為報復。報復是用口頭或用行為的方式傷害他人。

(3)被利用

憤怒最常見的主題是發現自己被利用。我們認為他人占了我們的便宜，利用我們或想當然地對待我們。正如我們所知道的，大多數人都希望自己被欣賞，希望擁有平等的人際關係，如親子關係、朋友關係、戀愛關係，甚至是國家與國家的關係。任何被利用、被人撿便宜的感覺都會導致憤怒的結果。

（4）缺乏關注

如果他人沒有給我們足夠的關注，也會引發我們的憤怒。例如，艾瑪希望克里斯能抽出更多的時間陪她，並幫她處理家務，但他說他太忙了，或者他答應了幫忙卻沒有兌現。艾瑪會對克里斯感到氣憤。一般在這種憤怒下，我們並不想傷害對方，只想做出某種表現（如大喊、尖叫）以使他不再忽視我們。我們想協調這種關係，而不是破壞它。

（5）嫉妒與吃醋

這種形式的憤怒，產生在我們認為他人在某方面比自己得到的更多的時候。琳達一心想在選美比賽上奪冠，卻沒有成功，她對得勝者感到氣憤。嫉妒，是我們想獲得他人擁有的東西，比如物質財富、社會地位、人緣、智力等等，卻得不到而引起的。吃醋是我們認為我們所珍愛的人更喜歡與別人在一起而引起的。例如，一個已婚女人對另一個男人產生了興趣，她丈夫就會吃醋。這種吃醋型的憤怒（如果壓抑的話）表現為對女人的威脅：告誡她如果欺騙了自己就會嘗到嚴重的後果。如果伴侶將對方看做是自己的財產，很容易出現吃醋現象。

(6) 缺乏社會認同感

這種憤怒產生於別人未按照自己的要求做的時候。例如，父母對不聽話的孩子發怒。一個宗教徒會對教會中不守教規的成員感到氣憤。我們會對政府花納稅人錢的方式感到憤怒。這些憤怒背後潛在的觀念是：他人應認同並遵守我們認為很重要的行為規範。某種程度上說，如果我們以為他人的行為，潛在地影響了我們的利益或生活方式，我們就會憤怒。

(7) 同情憤怒

當我們看到他人受到傷害時，我們就會產生這種憤怒。例如，當我們看到人們都在挨餓，就會對允許這種狀況存在的政府感到憤怒，這種憤怒會激發我們對他人採取某種行為。

以上這些情境有兩點共同的地方：第一，事情未按我們希望的發展；第二，我們對憤怒的對象非常重視。如果它們的重要性降低，我們將不再那麼容易發怒。例如，如果克里斯是否幫忙家務對艾瑪不那麼重要，那麼她就不會為克里斯的行為感到憤怒。如果你認為自己的另一半會愛上他人，你將更容易擺脫婚姻關係，那麼你就不可能吃醋。在幫助自己戰勝憤怒的過程中，我們會發現：我們對某些方面過分在意，在某些情境所下的結論過於草率，或者過高地猜想了潛在的傷害性。

3 憤怒危害你的身心健康

生活中，誰都免不了要發怒。但憤怒不是人類的一種天性，而是人們對客觀事物不滿產生的一種情緒反應，表現形式有勃然大怒、敵意情緒、打人摔東西或是靜靜地怒目而視。它不單純是煩惱與煩躁，而且它會使你處在一種惰性的停滯狀態之中。

憤怒會變成一種習慣，它是你經歷挫折的一種後天性反應。事實上，憤怒達到極點時就是瘋狂。瘋狂就是不能控制自己的行為。當一個人大發怒火時，他往往只考慮使他發火的這件事，認知範圍為發怒的對象所局限，不能正確評價自己行動的意義和後果，難以全面考慮問題和慎重權衡利弊得失，容易輕率從事。兵法上的「激將法」，就是專門想法激怒對方，從而使對方犯錯誤。一個人只要被激怒，當其怒火熊熊燃燒起來的時候，冷靜和理智就將失掉，全面考慮問題就成為不可能。

憤怒情緒對人的心理沒有任何好處，它會破壞愉快樂觀的心境，容易使人陷入連綿不斷的不良情緒狀態之中，整天心情煩躁，憤憤不平。憤怒比其他情緒有著更強的感染性和蔓延性，發一次怒，會引起連續幾天心情不好。怒火的滋長，也表示對情緒的失控，一個怒火中燒的人猶如著了火的汽油桶，隨時都有爆炸的危險。從病理學的角度來看，憤怒能導致胃潰瘍、高血壓、心悸、失眠，甚至有心臟病的危險。不少人在盛怒之下當場中風，因為他的血壓上升太高，一根腦血管「爆」了。人在發怒時，心臟的冠狀動脈也跟著緊縮，可能緊到發生狹心症，引起致命的冠狀動脈閉塞而突然死亡。西元1世紀時，古羅馬國王納瓦在一次御前會議上，因臣屬的大膽頂撞和冒犯，不禁怒火中燒，拍案而起，瞬間即倒地死亡。加拿大生理學家謝爾耶透過多年研究，認為憤怒狀態的延續能夠擊潰一個人的生物化學保護機制，使人降低抵抗力，從而招致各種疾病。

從心理的角度而言，憤怒能使你的愛情破裂，同時也能破壞你與他人之間的感情。生活中，哪裡有怒氣，哪裡就會有爭吵和衝突。人與人之間的相處中，火氣，只能灼傷別人，燒痛自己，有百害而無一利。它會使人說出忘情的話，做出無禮的舉動，導致人們相互之間感情上的破裂。有的人一氣之下，說出一大堆傷人感情的話，致使多年的友誼和感情遭到破壞；有的人一氣之下，感情用事地把本來很小的事情鬧大，弄得不好收場。久而久之，這些不斷出現的憤怒的情緒就會成為事業上的絆腳石。

像所有的情緒一樣，憤怒只是感情的一種。它的出現並不單純，當你遇到不如意的事情，告訴自己說，本來就不應該這樣，於是你就有藉口對它發怒。只要你認為它是人的個性之一，你就有理由接納它，並且以它作為擋箭牌。如有人認為，發怒是「勇敢」的行為，是「男子漢」的表現，專愛在區區小事上爭勇逞強，同事之間的你磕我碰，也定要鋒芒畢露。在這些小事情上發怒，不是有力量的表現，恰恰相反，發怒不過表現了一個人的軟弱無能罷了。他不能平心靜氣地、理智地克服擺在面前的問題和困難，卻只會徒勞無益地叫罵。這只是無能的表現，絕不是勇敢的表現。

當然，你可以對不如意的事情發怒。比如你與別人約好下午3時整在美術館門口想見，那麼當別人遲到時，你便可以大發脾氣，並覺得你有權發怒，因為他使你等了半個小時。可你是否想過，你發怒的目的是什麼呢？無非是要他遵約守時，而他遲到半個小時已成事實，沒有辦法。發怒的唯一收穫是使你眼睛發紅，心跳加快。你如果是想他下一回別遲到，那你完全可以透過其他的方法，儘管可以把聲音提高一些，也根本用不上動輒憤怒。

對別人的行為，你儘可以不喜歡，但你不必為之憤怒。在許多情況下，憤怒不但不能改變對方的一切，反而使對方變本加厲。儘管惹你生氣的人會害怕，但他卻得出一個結論：他隨時會使你動怒。於是他就一再惹你生氣，而使你陷入緊張和不安之中。

4 冷靜，冷靜，再冷靜

自然界是個有條不紊、有規律執行的有機體。只要正常運轉，一切都會秩序井然，按部就班。就像一臺電腦、一架飛機、一臺機器，如果操作正常，控制良好，就能發揮它們的正常作用。人的情緒也如一架飛機一樣，一旦失控，就不能正常運轉，甚至給外界帶來危險。

我們也許看到過交通擁擠的十字路口紅綠燈失控時的「慘狀」，整個路面成了車的海洋，不耐煩的司機在裡面鳴笛叫喊，喇叭聲充斥於耳，整個交通處於癱瘓混亂狀態，如果沒有交警的管理疏導，不知道會拖延到什麼時候，造成什麼後果。同樣，如果一代人的情緒失控，這世界又會怎樣呢？

所以，當別人對你的缺點提出批評甚至指責時，當你和朋友為某件小事「鬥嘴」時，當你一時感到生活壓抑時，你一定要學會克制自己的憤怒，讓你的大腦「冷卻」下來，讓你心中的「驚濤駭浪」平靜下來，把你的大嗓門壓下來，把你要伸出的拳頭收回來……

常言道：忍一忍，風平浪靜；退一步，海闊天空。不必為一些小事而斤斤計較。我們不提倡無原則的讓步，但有些事不必要那樣「火上澆油」，那只會使事情更糟，只會破壞你跟別人的感情。

假如你發起脾氣來，對人家發作一陣，你固然非常痛快地發洩了你的情感。但那個人怎樣？他能分擔你的發洩嗎？你的爭鬥的聲調、仇視的態度，能使他容易同意於你嗎？

「如果你握緊兩個拳頭來找我，」威爾遜說，「我想我能應付你。我的拳頭會握得像你的拳頭一樣緊；但如果你到我這裡來說，『讓我們坐下一起商議，如果我們意見不同，我們要了解為什麼意見彼此不同，爭執之點是什麼。』我們不久就可看出，我們的分歧並不是相距很遠，我們所不同意的地方很少，同意的地方很多，只要我們有接近的忍耐、誠意及欲望，我們就可以接近。」

生活中當你怒不可遏時，假如你與發生矛盾的人們辯論，當著他們的面激烈地舉出種種的事實來，假定你用憤怒聲調及暗示告訴他們，他們是錯的。假定你用所有的邏輯規則，證明了他們是錯誤的，結果如何？必定激起更多的憤怒，更多的仇恨，更多的反抗。

如果一個人，與你意見不和，你不能用基督教世界裡所有的邏輯使得他同意你。應當明瞭，當人們不願改變他們的心意時，不能勉強或驅使他們改變。但如果我們溫和友善，非常溫和，非常友善，我們就可以化解他們的憤怒。

一句古老真實的格言說：「一滴蜜比一加侖膽汁能捉住更多的蒼蠅。」對人也是這樣，如果你要使得人同意你的主張，就要先使他相信你是他的真實朋友。

在你的一生中，或許永遠不會憤怒地失去了理智，但你毫無疑問地會碰到使你憤怒的事情或人。在這種時候，如果你想正確地解決問題，就一定要記住這樣一條原則：冷靜，冷靜，再冷靜，告別狂暴的憤怒，友善地對待他人。

5 加強修養，防怒於未然

很多人懂得發怒既傷人又傷身的道理，並告誡自己不要發怒，但實際做起來卻感到很難。往往發作時怒氣沖天，暴跳如雷，事情過後又非常後悔，為自己失去控制而難過。可不久後再一次遇到類似情況，又忍不住大光其火。為了防怒於未然，應注意下列幾點：

（1）要注意自己的修養，做到胸懷開闊

大度豁達對生活中無原則的小事不要斤斤計較，要充分理解和寬容別人的所作所為，不固執己見，不鑽牛角尖。很多情況下，怒氣是由誤會產生的。所以當你遇到怒不可遏的事情時，先不要興師問罪，大動干戈，而要平心靜氣地考慮到各種可能，是否自己誤解了別人的用意，是否有自己尚未了解的真相。即使你確實被別人傷害了，也不能意氣用事，一怒之下做出兩敗俱傷的蠢事。我們經常聽到這樣的事：某某因為在公車上發生口角，而被人打得頭破血流；某某因為開玩笑惱羞成怒，而將人重傷致命。有一老翁，晚飯後出去散步，遇一水果攤，欲買荔枝，但挑選了半天卻沒買，攤主便惡語相加，老翁氣急，竟致腦溢血而癱瘓。這些事件的發端，本是區區小事，只要有一方稍作忍讓，即可避免釀成悲劇。所以良好的道德修養，對於為人處世，對於保持身心健康，都是必不可少的。

(2)要注意培養堅強的意志

具有較高的自我控制能力如果你的性格比較急躁，容易發火，就需經常提醒自己，時刻保持平靜的情緒和清醒的頭腦。有時你覺得怒火馬上就要噴發，欲罷不能時，可以採取轉移注意力的方法，比如馬上走開去辦旁的事情，或者唱幾句歌轉換一下情緒，等情緒穩定後，再回過頭來理性地處理問題。

怒火傷身。怒從不平中來，心平則怒消，怒消才能神定氣閒，不至於傷身。日常生活中，難免會遇到各種令人憤慨的事，只有心平氣和地對待它才能避免怒火傷身，也才有可能正確地處理好這些事。

6 調適憤怒心理的方法

調適憤怒心理的方法如下：

（1）學習忍耐及寬容

遇事持寬宏大量的態度，可止息心中的怒火，化怒火為祥和。學會寬容，放棄怨恨和懲罰，你會發現，將憤怒的包袱從雙肩卸下來，會幫助你克制錯誤的衝動。

（2）承認難題，保持清醒

請告訴你的配偶和親朋好友，你承認自己以往愛發火，決心今後加以改進，要求他們對你支持、配合和督促，這樣有利於逐步達到目的。當憤憤不已的思緒在腦海中翻騰時，請提醒自己，保持理性，你才能避免短視，恢復遠見。

（3）不要積壓怒氣

壓抑自己避免衝突發生，只會像定時炸彈般，最後情緒失控，爆發出來便一發不可收拾。要學會自我調適，釋放、消除怒氣，舒解壓抑。

（4）表達怒氣，但要反應得體

生氣有時是發洩怒氣最健康的做法，適當地表達自己情緒，可舒緩心理壓力。受到殘酷虐待時，任何正常的人都會怒火中燒。但是無論發生了什麼事，都不可放肆地破口大罵，而該心平氣和、不抱成見地讓他明白，他的言行錯在哪兒，為何錯了。這種辦法給對方提供了一個機會，可以在不受傷害的情況下改弦更張。

（5）稍事休息，忙裡偷閒

生氣時可先讓自己停一停，深呼吸並放鬆肌肉，可幫助控制自己的情緒，了解生氣的原因，避免讓事情惡化。若因生活繁忙而急躁發怒，可讓自己偷一會兒懶，讓心情平和後再去面對。一些易怒者談及以往，他們常常說：「我過去經常發火。自從得了心臟病，我意識到以前那些激怒我的理由，根本不值得大動肝火。」

（6）改變心態，嘲笑自己，推己及人

許多時候怒氣都是因對事物有所要求而未盡如人意時產生，導致不滿、憤世嫉俗的心理。改變對事物的看法，不要執著，怒氣自然也少。在那種很可能一觸即發的危險關頭，你還可以用自嘲的方法，從自己多疑的性情中尋找樂趣，幽默是「制怒」的最好手段。把自己擺到別人的位置上，你也許就容易理解對方的觀點與舉動。在大多數場合，一旦將心比心，你的滿腔怒氣就會煙消雲散，至少覺得沒有理由遷怒於人。

(7) 訓練信任，轉移視線

開始時不妨尋找信賴的機會。事實會證明，你不必設法控制任何東西，也會生活得很順利。這種認知不就是一種意外收穫嗎？用其他方法也可消除心中憤怒，如透過一些活動來轉移憤怒的情緒，做運動、聽音樂，與人傾訴等都不失為好的方法。

(8) 約見心理醫生，掌握心理調適方法

若時常感到怒氣難消，可向心理醫生尋求幫助。在心理醫生的指導下，採用各種心理學方法進行自我調整。

7 制怒與釋怒的多個技巧

無論是從生理上還是心理上，憤怒都會給你帶來情緒上的不快和行為上的惰性。但如果那該死的怒氣一旦湧進了你的心頭，你就應加以制止或把它釋放掉。下面向你介紹幾種制怒和釋怒的方法。

(1) 克制

一般說來，怒氣在剛開始產生時是脆弱的、容易控制的。如果這時不能以理智來抑制怒氣，而聽憑它自由奔流，後果將是不堪設想的。因此，當我們遇到不愉快的事，感到很氣憤時，要特別注意克制自己，防止衝動的發生。比如，當你認為自己受到別人不合理的責備和惡意的誹謗時，要盡量保持冷靜，暫時壓住心頭的怒火。你可以試一試推遲動怒的時間，第一次推遲10秒鐘，第二次推遲20秒鐘，然後不斷地延長動怒的間隔時間。一旦你意識到自己可以推遲動怒，你便學會了自我控制。另一方法是當你意識到自己的怒火已經起來時，最好的辦法是強迫自己不要講話，採取靜默的方式，熬過了最初的10秒鐘，你也許會冷卻下來。俄國文學家屠格涅夫曾勸告情緒容易激動的人：「在開口之前，先把舌頭在嘴裡轉個圈。」動怒之時不講話，確實是緩和情緒、冷卻頭腦的一個有效方法。

(2) 轉移

從憤怒情緒發展的規律來看，自我克制越早越好。但一旦動怒，最好的辦法就是迅速離開情緒現場，或做別的事情，或自己冷靜下來想一想。在怒火中燒時，最好採用「逆情性思維」，逆情性思維是指沿著情緒的反向去考慮問題。假如你要發怒時，把思路從「恨」的方向抽步回頭，朝相反的方向想想，看看自己恨得是否完全對頭。對方損害了自己什麼？是不是就成了自己不共戴天的仇敵？我對他發火有什麼好處？若能從這幾個方面反覆考慮，你就能被這種「回頭想」的思維從憤怒的指向中拉回來。

(3) 提醒

在發怒時要提醒自己，每個人都有自己的不同見解，你若希望對方改變他的觀點，只不過會延長你發怒的時間而已，為何不允許他人有自己的選擇呢？正如你有你的選擇一樣，有時光靠自己內在的努力還難以奏效，這時就需要得到外界的提醒和幫助。林則徐每到一地，都要在房間的牆壁上貼上「制怒」二字，目的就是經常提醒自己戒除好發火的脾氣。應該記住：不要苛求人人都贊同你的意見與行為。

(4) 釋放

有時候，怒氣確實膨脹起來，一時控制不住，那就應設想把它釋放出來，但不能傷及他人。你可以找你的知己，盡情地傾訴你的苦衷。你還可找一個空曠的地方，用力喊出你想要講的話，或一口氣跑上30公尺，跑得滿頭大汗，讓你的怒氣隨汗水一起流淌，然後用溫水痛痛快快地洗個澡。日本松下電器公司所屬的各個企業，都設有「出氣室」。牢騷滿腹的工人，走進「出氣室」，儘可拿起木棍，對準安放在那裡的象徵著經理、老闆的橡皮塑像揍個痛快，然後可進入「懇談室」，將心中的不快盡情傾吐。有時把心中的怒氣隨便地寫在紙上，也會使你輕鬆。

一位名叫阿柏拉德的哲學家說過這樣的話：「火氣甚大，容易引起憤怒的煩擾，是一種惡習，而使心靈向著那不正當的事情。」對於處在新世紀初不斷迎接挑戰的人們，掌握一些制怒與釋怒的藝術，對於生活與工作大有裨益。

十一、消融冷漠‧構築生活的樂園

1 冷漠是如何在心中滋生的

心理學研究發現，在青春期和更年期，由於神經系統和內分泌系統的短暫失調，容易給人帶來較大的情感波動，並常使人處於情感低潮。這使得一些性格內向、情感細膩的人容易產生冷漠和憂鬱。這段時期過去後，神經、內分泌趨於協調，一切症狀都會有所緩解。

冷漠還有其深刻的心理成因。一般說來，當人們失去親友、事業不順或健康不佳時，會失去生活的動力和信心，這時，冷漠就可能產生。因為這些人都是我們生命中的至愛，一旦失去會給我們帶來不可估量的創傷，甚至使人覺得生命已無意義，這時還會有什麼興趣呢？尤其是年輕人，對生命、事業、朋友、愛情都有很高的希冀。殊不知，希望越高，一旦不能實現，失望也越大。所以，冷漠源於一種觀念的狹隘和過高的成就動機。

成就對每個人來說，都是不可缺少的心理動力。然而過高的成就動機帶來沉重的心理負荷，往往是心理疾病的根源。

如果對工作要求太高而不盡如人意，一方面可以適當降低標準，不必強己所難；另一方面可以對自己的工作方法稍作變通。

實際上，冷漠的背後是愛的缺乏。改變冷漠不是要去做驚天動地的功績，而只是從身邊的小事開始。比如，每天多問候一聲父母，多給同事一個微笑，多幫妻子洗一隻碗，多看一眼今天明媚的陽光。我們並不會為此失去什麼，得到的卻是愛與熱情所帶來的充實和快樂。

2 腐蝕健康心靈的冷漠表現

有一位著名的數學家，曾在科學研究領域做出過卓越的貢獻，並被以他的名字命名了一數學定理。儘管他在科學研究事業上出類拔萃，然而他卻是一個情緒障礙症患者。

他性格孤僻內向，成天把自己關在小房間裡看書學習，演算公式，攻克難題，幾乎談不上人際交往。他為人沉默寡言，興味索然，生活隨便，給人一種「古怪」的印象。40歲左右才在他人催促下結了婚。結婚時不知如何操辦家具，婚後不知道上街購買生活用品。由於過分內向離群，對外界反應不敏捷，社會適應力很差，多次發生車禍，身體也因此大受影響。

這位數學家所表現出來的情緒障礙，心理學上稱之為冷漠症。冷漠症患者往往表情淡漠，缺乏強烈或生動的情緒體驗。他們對人冷淡，甚至對親人也如此，缺少對他人的溫暖與體貼。他們幾乎總是單獨活動，主動與人交往僅限於生活或工作中必須的接觸，除一般親屬外無親密朋友或知己，很難與別人建立深切的情感連結，因此，他們的人際關係一般很差。很多人由於工作繁忙，容易患這種病。

冷漠症患者似乎超凡脫塵，不能享受人間的種種樂趣，如夫妻間的交融、家人團聚的天倫之樂等，同時也缺乏表達人類細膩情感的能力。

一般說來，當人們受到生活的不斷打擊後，很容易對別人的意見漠不關心，無論是讚揚還是批評，均無動於衷，過著孤獨寂寞的生活。其中有些人，可能會有些業餘愛好，但多是閱讀、欣賞音樂、思考之類安靜、單獨的活動，部分人還可能一生沉醉於某種專業，做出較高的成就。但從總體來說，這類人生活平淡、刻板，缺乏創造性和獨立性，難以適應多變的現代社會生活。

冷漠的人內心世界極其廣闊，常常想入非非，但又缺乏相應的情感內容。他們總是以冷漠無情來應付環境，以「眼不見為淨」的方式逃避現實，但他們這種與世無爭的外表不能壓抑內心的焦慮。

冷漠症患者一般可適應人少的工作，如圖書館書庫、山地農場林場等，他們更容易從事宗教事業和過隱居生活，但很難適應人員眾多的場合和需要交際的工作。

冷漠症的形成一般與他的早期心理發展有很大關係。人類個體出生以後，有很長一段時間不能獨立，需要父母親的照顧。在這個過程中，兒童與父母的關係占重要地位，兒童就是在與父母的關係中建立自己的早期情緒特徵的。在成長過程中，儘管每個兒童不免要受到一些指責，但只要感覺到周圍有人愛他，就不會產生心理上的偏差。如果終日不斷被罵、被批評，得不到父母的愛，兒童就會覺得自己毫無價值。更進一步，如果父母對子女不公正，就會使兒童是非觀念不穩定，產生心理上的焦慮和敵對情緒，有些兒童因此而分離、獨立、逃避與父母身體和情感的接觸，這樣就出現冷漠症狀。

3 以樂觀消融無情的冷漠

每個人都應該在生活中丟掉冷漠，並常常面帶微笑，慷慨地把微笑帶給別人。人都是存有溫情的動物，他（她）們也希望能把這些奉獻出來，以便讓這個世界不再總是出現冷漠的灰色格調。但要讓他們奉獻溫情是有條件的，那就是你必須也拿出這種心態來對待他們。朱麗婭對此是深有體會的，她曾講述過發生在自己身邊的幾件與此相關的事情。朱麗婭的第三個孩子出生不久，她接到了一位年輕母親的來信，她是朱麗婭的朋友，她們的住所相距只有三條街，可是，整個冬天她們都未見面。

那位年輕母親的來信寫道：「我的朋友，我經常想念你，我多麼希望有一天我們相逢重溫舊日的時光。我了解你的堅強的個性，你是個出色的母親。再會。」信的末尾署名道：「你的摯友，蘇恩。」

短短的幾句話讓朱麗婭感到精神為之一振，身心的慰藉似乎讓她忘掉了分娩後的緊張和疲憊。她感謝蘇恩，因為蘇恩把愛心和真誠帶給了自己。

有一次，朱麗婭的丈夫要回家看孩子，她打算到那個幾英里外的小店買些東西，孩子又得了流感。真是煩躁不堪，朱麗婭感覺自己真沒有信心應付這一切。

在商店裡，售貨員並沒有在意心情不好的朱麗婭的冷漠言語，她依舊非常禮貌，幫助朱麗婭挑選物品。朱麗婭看她名片上寫著「詹尼特·朱莉文」，朱麗婭以為她是經理，而朱莉文說：「我僅僅是這裡的僱員之一，我喜愛在這裡工作。」離開了商店，朱麗婭覺得心情舒暢極了，她自信做什麼都有勁。在回家的路上，朱麗婭想，的確該給那家商店的經理寫封信，告訴他的僱員朱莉文做得多麼令人滿意，只是，眼下她實在沒時間。

回到家中，一切如往常一樣寧靜。朱麗婭又看到桌子上蘇恩的來信，突然意識到，每個人都很忙，但是每個人都需要他人的鼓勵和關懷，如果每個人都以忙為藉口而不去做些事情的話，那這個世界就會處於冷漠的寒冬之內。既然，像蘇恩這樣的朋友在關心著自己，自己也應當有時間像她那樣用同樣的方式使他人感受到人與人之間的溫情。

於是，朱麗婭拿起信紙和筆，真誠地寫道：「親愛的經理先生，那是一個忙碌的上午，我去貴店，由於心情不好不免面帶慍色。然而您的僱員朱莉文並沒有受我冷漠情緒影響，她依然熱心周到，反而沖淡了我的心煩意亂。感謝您擁有這樣一位素質優秀的僱員，這一天對我來說是難以忘懷的。光顧貴店的一位顧客。」接著，她又給朱莉文寫了封感謝信，寫兩封信沒有用幾分鐘，可是時間似乎比往常過得快了，朱麗婭有一種從未有過的興奮，朱麗婭決定，以後將寫感謝信給那些她遇到的為他人做好事的普通人。

某個星期一，朱麗婭6歲的女兒從學校回來，她拿著一個靈巧的木偶和幾件精製的學習用具。朱麗婭深深地被她女兒的老師帕瑞克勤奮認真的工作所感動，然而，她從沒有把自己的感激之情告訴帕瑞克老師。此時，朱麗婭轉念一想，以前並沒有意識到別人給予自己關懷的溫暖，現在她應馬上寫信給女兒的老師。朱麗婭抽出一張信紙飛快地寫道：「親愛的帕瑞克小姐，你聰慧的思維使教學變得生動有趣。我的女兒非常喜歡學校生活，坦率地講，我不了解你是否關心自己的孩子，也許你沒有時間顧及。我感到由衷欣慰的是有許多像您一樣無私奉獻自己給下一代的老師，他們同您一樣有擔負教學工作的天分，同時又熱愛教學工作。帕瑞克小姐，請允許我再次感謝你給予我女兒的良好啟蒙和對待學業的良好態度。您忠實的朋友。」朱麗婭沒有在信上署名，以免姓名使帕瑞克小姐誤會她的本意，她不想以此討好老師而讓她的女兒得到特殊的偏愛。

朱麗婭把寫給帕瑞克小姐的信發走了，回家時，她發現她的一位鄰居正開他的信箱。原來是威萊姆先生，他低著頭，兩手空空又失望地走進他的房子。這時，朱麗婭聽見她的剛出生不久的小寶貝哭叫，於是急忙回到家中，但她卻無法忘掉剛才的一幕。朱麗婭想，他不是在等待支票的匯來，他需要的是關心和安慰。

朱麗婭把一封信悄悄放進威萊姆先生的信箱，在信裡她寫道：「您擁有許多私下裡關心和喜愛您的人。」同時信箋上畫著一個擬人化的似乎在微笑的信箱，還有一道美麗的彩虹。

當朱麗婭和她的孩子看到威萊姆先生再次開啟信箱時，雖然他與她們不太近，不過，她和孩子們都看到了他發自內心的微笑。

從幾件發生在身邊的事，朱麗婭漸漸明白了人們看到一封熱情洋溢的信時是那麼欣慰。有無數的她並不熟悉的人，在彬彬有禮、努力辛勤地做著自己本職的工作，使他們周圍的人感到人與人之間的理解和關心的魅力。為了消融人際之間的冷漠關係，朱麗婭曾寫過幾百封信，她從中得出兩條非常重要的經驗：

首先，寫信的內容不必過長。例如當她的鄰居林斯諾一家搬走後，朱麗婭聽到其他鄰居很想念林斯諾一家的談論，因而她代表大家給林斯諾先生寫了封信。她寫道：「親愛的林斯諾先生，您們一家搬走後，我們大家特別想念您們，我們覺得身邊失去了許多溫暖，我們在回憶您愉快的笑。請回來看看鄰居們吧。」這樣短小的信箋可以使對方感受到言簡情長的真摯。

其二，在信上不署名。這可使對方既感到溫暖又免於必須予以回報的負擔。其實，人與人之間要和睦相處，不必追求繁瑣的施恩與回報，這樣，關懷別人才不失它的人情味。當然，朱麗婭不可能以其他更好的方式和用充足的時間去幫助別人，可是目前，她已找到這種小小的令自己滿意的方式去激勵那些工作優異和需要別人幫助的人。她也發現，只要自己熱愛生活，就會很容易抽出時間在一封簡訊中，表達自己對他人的讚揚、喜愛和欣賞。所以說，當一個人以摒棄冷漠的積極樂觀的態度對待生活時，他也就會享受到幸福時時與己同在。

4 用熱忱構築人生的樂園

熱忱可以給人帶來巨大的財富，那麼，你想成為一個熱忱的人嗎？這裡有一個處方推薦給你，如果你能夠照著做，假以時日你便會消除冷漠、成為一個熱忱的人。這份處方不但可以使你立即擁有熱忱及正確的心態，而且會24小時「隨時待命」。你會變得精力充沛、神采奕奕、事半功倍。熱忱會成為你的生活方式，為你的成功做好準備。它還能吸引許多美好的事物及同伴，使生活充滿了樂趣。麥克阿瑟將軍在南太平洋指揮盟軍的時候，辦公室牆上也掛著一塊牌子，上面寫著這樣的座右銘：

你有信仰就年輕，疑惑就年老；你有自信就年輕，畏懼就年老；你有希望就年輕，絕望就年老；歲月使你皮膚起皺，但是失去了熱忱，就損傷了靈魂。這是對熱忱最好的讚詞。培養併發揮熱忱的特性，就像我們對我們所做的每件事情，都加上了火花和趣味。

一個熱忱的人，無論是在挖土，或者經營大公司，都會認為自己的工作是一項神聖的天職，並懷著深切的興趣。對自己的工作熱忱的人，不論工作有多少困難，或需要多大的訓練，始終會抱著不急不躁的態度去進行。只要抱著這種態度，任何人一定會成功，一定會達到目標。愛默生說過：「有史以來，沒有任何一件偉大的事業不是因為熱忱而成功的。」事實上，這不是一段單純而美麗的話語，而是邁向成功之路的航標。

熱忱是一種意識狀態，能夠鼓舞及激勵一個人對手中的工作採取行動。不僅如此，它還具有感染性，不只對其他熱心人士產生重大影響，所有和它有過接觸的人也將受到影響。

熱忱和人類的關係，就好像是蒸汽和火車頭的關係；它是行動的主要推動力。人類最偉大的領袖就是那些知道怎樣鼓舞他的追隨者發揮熱忱的人。

把熱忱和你的工作混合在一起，那麼，你的工作將不會顯得很辛苦或單調。熱忱會使你的整個身體充滿活力，使你只需在睡眠時間不到平時一半的情況下，工作量達到平時的2倍或3倍，而且不會覺得疲倦。多年來，拿破崙·希爾的寫作大都在晚上進行。有一天晚上，當拿破崙·希爾正專注地敲打字機時，偶爾從書房窗戶望出去——他的住處正好在紐約市大都會高塔廣場的對面——看到了似乎最怪異的月亮倒影，反射在大都會高塔上。那是一種銀灰色的影子，是他從來沒見過的。再仔細觀察一遍，拿破崙·希爾發現，那是清晨太陽的倒影，而不是月亮的影子。原來已經天亮了。他工作了一整夜，但太專心於自己的工作，使得一夜彷彿只是1個小時，一眨眼就過去了。又繼續工作了一天一夜，除了其間停下來吃點清淡食物以外，未曾停下來休息。如果不是對手中工作充滿熱忱，從而使身體獲得了充分的精力，拿破崙·希爾不可能連續工作一天兩夜，而絲毫不覺得疲倦。

熱忱並不是一個空洞的名詞：它是一種重要的力量。你可以予以利用，克服自己對一些事物毫無興趣的弱點，使自己獲得好處。沒有了它，人就像一個沒有了電的電池。

熱忱是股偉大的力量，你可以利用它來補充你身體的精力，並發展出一種堅強的個性。有些人很幸運地天生即擁有熱忱，其他人卻必須努力才能獲得。發展熱忱的過程十分簡單。首先，從事你最喜歡的工作，或提供你最喜歡的服務。如果你因情況特殊，目前無法從事你最喜歡的工作，那麼，你也可以選擇另一項十分有效的方法，那就是，把將來從事你最喜歡的這項工作，當作是你的明確的目標。

熱忱能帶領你邁向成功。

因為如果你有熱情，幾乎就所向無敵了。

要是你沒有能力，卻有熱情，你還是可以使有才能的人聚集到你身邊來。假如你沒有資金或是裝置，但你有熱情說服別人，還是有人會回應你的夢想的。

熱忱就是成功的泉源。你的意志力、追求成功的熱忱愈強，成功的機率就愈大。

熱忱是一種狀態——你24小時不斷地思考一件事，甚至在睡夢中仍念念不忘。事實上，一天24小時意識清楚地思考是不可能的。然而，有這種專注卻很重要。如果真這麼做，你的欲望就會進到潛意識中，使你或醒、或睡都能集中心志。

熱忱可使你釋放出潛意識的巨大力量。在認知的層次，一般人是無法和天才競爭的。然而，大多數的心理學家都同意，潛意識力量要比有意識的大得多。一家小公司不可能夢想很快就招募到一批奇才。但是，有理由相信，如果發揮潛意識的力量，即使是普通人也能創造奇蹟。

不過，需要記住的是，熱忱要單純。

真正的熱忱常能帶來成功。但如果熱忱是出於貪婪或自私，成功也就如曇花一現。如果你對正義毫無感覺，凡事都以自己為出發點，同樣的熱忱也許一開始會讓你嘗到成功的甜頭，最後還是不免倒下。

能否成功，最後還是要看我們潛意識裡的慾念是否單純。

最理想的情況莫過於去除我們自身的自私，凡事利他助人，並且單純地希望增進人類和社會的幸福。但是對我們這些凡人而言，要根除自私自利與貪婪是不可能的。對於這點，我們不用覺得羞愧。以自我為中心的慾念就是我們得以生存下來的機制。然而，我們也要試著去控制這種慾念。至少我們該轉移工作目標：我們不光是為了自己而工作，更是為了群體。把工作目標從自己身上轉移到他人，慾念就會變得單純，熱忱就會變得持久。用更高的力量把自己那無助而單純的念頭帶進潛意識中，讓熱忱激發，讓人生快樂！

5 消融冷漠的幾條實用法則

消融冷漠需要熱情，熱情是消融冷漠的一劑良藥。

(1) 肯定熱情

永遠也不要讓自己失去那份應有的熱情。若你能保有一顆熱情之心，那麼，冷漠就會消融，就會給你帶來奇蹟。

世界從來就有美麗和興奮的存在，她本身就是如此動人、如此令人神往，所以，你自己必須要對她敏感，永遠不要讓自己感覺遲鈍、嗅覺不靈，不要讓自己失去那份應有的熱情。那些成功人士，都具有這種能力和特點。兩個人具有完全相同的才能，必定是更具熱情的那個人會取得更大的成就。

熱情一方面是一種自發力量，同時又是幫助你集中全身力量去投身於某一事業的一種能源。如果你仍舊沒有發現和感受到熱情的放射能力，現在的你可能會不時地受到怯懦、自卑或恐懼的襲擊，甚至被這些不正常心理所擊倒。要知道，在人身上潛伏著一種力量，只是並非每個人都知道和理解，只是未被發現和利用罷了。許多人都或多或少有自卑感，常常低估了自己，對自己失去了信心，缺少熱情。每個人都應該相信自己的健康、精力與忍耐力，具有巨大的潛在力量，這種自信會給予你極大的幫助。熱愛自己，就會幫助你自己成功。

（2）培養熱情

消融冷漠需要培養熱情，培養熱情的幾個步驟如下：

①深入了解每個問題。要對什麼事情都具有熱情，要學習更多你目前尚不熱愛的事

物。了解越多，越容易培養興趣。有興趣就有熱情，自然就驅趕了冷漠。

所以下次你不得不做什麼時，一定要應用這項原則；發現自己冷漠不耐煩時，只有進一步了解事情的真相，才會挖掘出自己的興趣。

②做事要充滿熱情。你熱心不熱心或有沒有興趣，都會很自然地在你的行為上表現出來，沒有辦法隱瞞。

比如，微笑活潑一點，眼睛要配合你的微笑才好，當你對別人說「謝謝你」的時候，也要真心實意、充滿熱情。

你的談話要真摯熱情。著名的語言學權威班得爾博士，在他的一本書《如何使你的談吐高雅宜人》中提到：「你說的『早安』是不是讓人覺得很舒服？你說的『恭喜你』是不是出於真心呢？你說『你好嗎』時的語氣是不是讓人很高興呢？一旦當你說話時能自然而然滲入真摯熱情，就已經擁有引人注意的良好能力了。」

說話熱情的人都會受到歡迎。當你說話很有熱情時，你自己也會變得很有熱情。你必須時時刻刻活潑熱情，這樣才能消除冷漠。

（3）滿足他人願望

每一個人，無論默默無聞或身世顯赫，文明或野蠻，年輕或年老，都有成為重要人物的願望。這種願望是人類最強烈、最迫切的一種目標。

只要滿足別人的這項心願，使他們覺得自己重要，你很快就會步上成功的坦途。

「你不重要」的態度為什麼會這麼嚴重呢？這是因為大部分人在看到另一個人時往往會想：「你不能替我做什麼，因此你很不重要。」培養「你很重要」的態度吧，會因此減少冷漠而熱情許多。

（4）採取熱情行動

深入發掘你的熱情心態，研究它、學習它，和它生活在一起，盡量蒐集有關它的數據。做下去就會不知不覺地使你減少冷漠，變得更為熱情。對於任何事情，只有在深入了解以後，才會產生熱情。

熱情就是將內心的感覺表現到外面來。讓我們以熱情面對社會、面對工作、面對生活，採取熱情行動，世界才能消除冷漠而更加溫馨。

（5）振奮精神

熱情，是指一種熱烈的精神特質深入人的內心裡。如果你內心裡充滿要幫助別人的願望，你就會一掃冷漠興奮不已。你的興奮從你的眼睛、你的面孔、你的靈魂以及你整個為人方面輻射出來。你的精神振奮，也會鼓舞別人。

（6）充滿活力

一個人如果行動充滿了活力，他的精神和情感也會充滿了活力。充滿活力的人鬥志昂揚，精神抖擻，精力充沛，不畏艱險，不懼困難，堅持不懈，始終如一，絕不會冷漠處世，趔趄不前。

（7）語言鼓勵

教練用語言來鼓舞球隊，業務經理用語言來鼓勵推銷人員，以及其他人員用語言來鼓勵一個團體。無疑這種語言就是團體奮進的助力器。雖然自己對自己來一段精神鼓勵並不普遍，但是卻極為有效，其效果就像教練對球員鼓勵一樣。在做任何事前，來段語言方面的精神鼓勵，以鼓舞自己，消除冷漠，必定收到奇效。

（8）多交流

交流不僅是克服冷漠的良方，也是攻克一切情感障礙的武器。願君多用之，此方最見效。

（9）接觸大自然

孤獨、冷漠時，不妨跨上腳踏車去郊外轉一圈，呼吸幾口新鮮空氣，讓它消除胸中的苦悶和憂鬱。

（10）欣賞藝術

無論是文學、音樂或美術，都蘊含著讓人不得不服它的魔力。如果你愛上了這些無生命的東西，難道不會更愛創造這一切的活生生的精靈？

十二、拋棄嫉妒：相信自己也會成功

1 你爲什麼會嫉妒他人

所謂嫉妒心理，是指當別人在某些方面超過自己、使自己的慾望不能得到滿足時所產生的企圖排除乃至破壞別人優越狀態的激烈的情感活動。按照許多心理學家的分析，嫉妒是人類的一種本能，是一種企圖縮小和消除差距、實現原有關係平衡、維持自身生存與發展的一種心理防禦反應。

在現實生活中，嫉妒是一種極端消極的和狹隘的病態心理，是人際交往中的一大心理障礙，它會限制人的交往範圍，它會壓抑人的交往熱情，它甚至能化友為敵。塞萬提斯曾經說過：「嫉妒者總是用望遠鏡觀察一切。在望遠鏡中，小物體變大，矮子變成巨人，疑點變成事實。」

古人云：「木秀於林，風必摧之。」就一般人而言，總是願意大家彼此差不多，你好我也好，否則就會是「槍打出頭鳥」。在日常工作中，因為有特殊才能或特殊貢獻而冒尖的人，往往容易成為受打擊的對象。誰在哪一方面出人頭地，便會受到人們的攻擊、嘲諷、指責；更有甚者，由於嫉妒心重還可能給你使絆子，讓你生活在一種無形的壓力之下，時時處處都有障礙，讓你人做不好，事做不成。可以說，嫉妒是人世間一種非常有害的心理習慣，它可以使嫉妒者自己形成一種非常低下的、醜陋的心態，使嫉妒者走向一條狹窄的人生道路，也使其受到極大的傷害。

美國社會心理學家莫理·西爾伯稱：「我想每一個人都有過嫉妒的念頭。」嫉妒心理如此普遍，它是怎樣產生的呢？

性格的形成是一個後天的連續的過程。社會環境是影響一個人的性格的最關鍵的因素。人的個性從嬰幼兒到老年都在發展變化之中。但多數人認為，人的個性在5～11歲形成，在12～17歲定型，當然嬰幼兒階段也是至關重要的。如果在性格形成前，父母對兒童是冷漠、不關心的，他長大後的性格就會是多疑，好嫉妒，好歸罪於他人。除父母之外，學校教育對兒童的性格發展的影響也是很重要的，因為，兒童所接觸的社會環境主要是學校。在兒童及青少年階段，社會環境因素在相當程度上影響了一個人的性格。人在生活中遭遇挫折和衝突時，心理上會產生焦慮，如果自我以合理方式消除焦慮未能成功，就必須改換以非理性方法達到這一目的。這種非理性方法就是自我防禦機制。

自我防禦機制有很多種。其中，投射作用是把自己內心不被允許的衝動、態度和行為推向別人或周圍其他事物上。這種自我防禦機制可以把我們自己的錯誤、失誤歸結於他人。因此，可以表現為「借題發揮」、將失敗歸結於他人，產生埋怨心理，而不是從自身尋找原因。運用這種防禦機制，也可以達到心理上的平衡和消除焦慮。

另一種防禦機制是合理化作用，即歪曲現實從而保護自己的自尊心。合理化不是「欺騙」，是因為他本人相信這是真的。運用這一機制能使個人得到心理平衡。個人如果面對他人比自己優秀時，採用合理化防禦機制，就表現為嫉妒，認為別人的成功或比自己優秀是非正常的，是運用不合理手段得來的。

如果某個人習慣於運用這些防禦機制進行應對，那麼，他的人格是有缺陷的。面對自己的失敗或他人的成功，就表現出怨天尤人或嫉妒。

嫉妒是一種缺陷心理，是以多種形式表現出來的一種變態情感，它包含著憂慮和疑懼、羨慕和憎惡、憤怒和怨恨、猜疑和失望、屈辱和虛榮。從根本上說，嫉妒是看到與自己有相同目標和志向的人取得成就而產生的一種非正當的不適感。它是由於羨慕一種較高的生活、或者是想得到一種較高的地位、或者是想獲得一種較貴重的東西，但自己又未能得到，而身邊的人或站在同等位置的人先得到了而產生的一種缺陷心理，為了彌補這種心理，就會產生嫉妒。嫉妒是一種心理上的痛苦刺激，導致激發出對他人的情緒上的牴觸和對立。

嫉妒心理的產生及其強弱不僅與個人心理健康、道德觀念和思想修養有著直接密切的關係，而且還受著個人所處的生活環境及其社會文化背景的深刻影響。滋生嫉妒心理的因素主要有：

(1)性格有缺陷的人容易產生嫉妒心理

具有偏執型人格的人處事敏感、多疑、主觀、固執、心胸狹隘、報復心強，不接受現實，一旦自己地位低於別人，就會用想像來編織他人的缺點，捕風捉影，吹毛求疵，製造事端。這種人無論在何處，都易生妒情。

（2）自我中心意識過強的人容易產生嫉妒心理

具有強烈自我中心意識的人，把個人的利益看得高於一切，喜歡在各個方面超過別人，一旦自己的欲望得不到滿足，常常會產生對他人的嫉妒，以求得自己心理上的平衡。

（3）在條件相同或相似的人們之間容易產生

嫉妒心理嫉妒容易發生在彼此的生理屬性（如性別、年齡、容貌、健康狀況等）、心理屬性（如能力、性格等）和社會屬性（如文化程度、職務、社會地位、生活經歷和所處境遇等）方面相同或相似的人們之間。機關裡的小科長不會對誰當了市長產生嫉妒，可是卻會為與自己一起參加工作、各方面與自己都差不多的同事晉升官職，而耿耿於懷，大發妒情。

（4）特定的社會文化環境容易促發嫉妒心理

由於受儒家文化的影響，歷來崇尚「中庸」之道，不患寡而患不均。一旦這種狀況被打破，自己處於劣勢，就自然而然地出現心理失衡，產生嫉妒情緒。

2 嫉妒心理的基本特徵

嫉妒這種人類社會最為常見的病態心理，其基本特徵表現為人際關係中的排他性、態度上的逆向性、對象的廣泛性和表現形式的多樣性。

(1)人際關係中的排他性

嫉妒心理的排他性表現為嫉賢妒能，排他贊己，只能自己取勝，不許他人成功。嫉妒心理的惡性發展，便會產生攻擊行為，如因妒人貌美而毀其容、妒人成功而毀其譽等等。

(2)態度上的逆向性

沒有嫉妒心的人，對真、善、美的事物，總是表現出讚譽的態度，因羨慕而效法。而嫉妒心強的人則相反，越發表現出厭惡、憤怒和不能容忍的態度。

(3)對象的廣泛性

一般來說，嫉妒的對象沒有固定性。不管關係遠近、是否對其構成直接威脅，他

（她）都會自覺或不自覺地流露出嫉妒和不滿。但由於利害衝突不明顯，一般不產生明顯的心理反應。只有當被嫉妒者的內在條件和外在條件與自己大體相當，具有某種利害關係或是競爭的直接對手時，才容易產生強烈的嫉妒心理，甚至出現攻擊性行為。

（4）表現形式的多樣性

嫉妒心理的表現形式有多種多樣：貶低嫉妒對象的優點和長處；蓄意尋找其缺點毛病，吹毛求疵，渲染誇大；製造流言蜚語，造謠中傷，誣告陷害，打擊報復，甚至產生暴力性的侵犯行為。除此之外，有些人的嫉妒心理的表現具有隱蔽性，不輕易表露出來，也不願意承認嫉妒心理是構成自己行為的動機，更不願意讓嫉妒對象察覺出自己是嫉妒者。

3　病態嫉妒心理的發展階段

嫉妒是日常生活中較為常見的心理活動，短時性的嫉妒幾乎人人都有過，如見到自己心愛的人和異性關係密切的時候不免會「吃醋」。然而，如果見什麼都嫉妒，這就不正常了，便是病態的表現。

病態嫉妒不能容忍他人在任何方面超過自己，平常我們所說的「紅眼病」就是如此。病態嫉妒有其發展階段：

起初，嫉妒從自私的心理出發，以個人為中心，容不得超過自己的人。

接著，由嫉妒轉向憎恨，嫉妒心理衝破人的心理的潛抑作用，明顯地暴露出來。該階段的嫉妒者表現出對被嫉妒者的挑剔、造謠、誣陷等等。嫉妒者尚有一定的理智性，不願意和被嫉妒者有明顯的衝突，只是散布不利於被嫉妒者的流言蜚語，以求自己心理上的平衡和滿足。

最後，由憎恨心理轉化為損才害能的卑劣行為。這時，嫉妒者就不僅限於散布謠言，而是採取行動詆譭他人。例如，寫匿名信、誹謗等等，以至於他們甚至採用卑劣的手段，想方設法攻擊被嫉妒者。

嫉妒可分為四種：由金錢、物欲引起的嫉妒；由權力、地位欲引起的嫉妒；由名譽欲引起的嫉妒；由性愛引起的嫉妒。

4 病態嫉妒心理的危害

病態的嫉妒心理造成人格的偏離，不僅危害嫉妒者的心理健康，而且危害他人，對嫉妒者個人的發展更會產生危害。

(1) 對心理健康的危害

泛化了的嫉妒是一種病態，表現為人格的偏離。這種病態的人格表現為極度的感覺過敏，思想、行動固執死板，堅持毫無根據的懷疑。對別人特別嫉妒，而又非常羨慕；對自己過分關心，而又無端誇張自己的重要性；把自己的錯誤或不慎產生的後果歸咎於他人，不停地責備和加罪於他人卻原諒自己；總是過多過高地要求他人，但從來不信任別人的動機和意願，認為別人存心不良，甚至認為別人對自己耍陰謀。

很顯然，這種人格是偏離常態的。在精神病學臨床表現上，病人的人格不僅決定了他患病後的行為，而且為某種精神疾病的發生準備了基礎。具有病態的嫉妒的人格偏離往往會出現妄想症狀，最後發展為偏執性精神病或精神分裂症。

(2) 對個人發展的危害

嫉妒對個人發展的危害是很明顯的。由於人格偏離，常常不信任別人，好嫉妒，好歸罪於他人。這必然會影響個體的人際關係和社會職能。從他人的角度看，如果一個人對他不信任，將失敗全歸罪於他，對他存有嫉妒心，他怎麼能與這個人友好相處及合作呢？從個體自己的角度看，不信任別人、嫉妒他人，又怎麼能和他人合作呢？

5 怎樣防止自己對別人產生嫉妒心理

嫉妒心理害己又害人，不利於個人學習、工作、事業的發展，所以必須跟自身內心的嫉妒心理對抗，建立一種平和而健康的心態。

(1) 充實自己的生活，尋找新的自我價值，

使原先不能滿足的慾望得到補償當別人超過自己而處於優越地位時，你若是聰明者就應當揚長避短，尋找和開拓有利於充分發揮自身潛能的新領域，以便能「失之東隅，收之桑榆」。這會在一定程度上補償先前沒滿足的慾望，縮小與嫉妒對象的差距，從而達到減弱以至消除嫉妒心理的目的。例如，某人雖無真才實學，卻善於鑽營，官運亨通，成為你的上司。對此，你大可不必猝發妒情，而應發揮自己的專長，在業務上刻苦鑽研，精益求精，同樣可以令別人刮目相看。

(2) 要學會正確的比較方法

一般說來，嫉妒心理大部分產生於原來水準大致相同、彼此又有許多連繫的人之間。特別是看到那些自認為原先不如自己的人都冒了尖，於是嫉妒心油然而生。因此，要想消除嫉妒心理，就必須學會運用正確的比較方法，辯證地看待自己和別人。要善於發現和學習對方的長處，糾正和克服自己的短處，而不是以自己之長比別人之短。這樣，嫉妒心也就不那麼強烈了。

(3) 要克服封閉、狹隘意識，驅除極端個人主義的陰影

封閉、狹隘意識使人鼠目寸光，只看見眼前的和暫時的得與失；而極端個人主義者則往往以自我為中心，凡事只想到自己，不甘居於別人之下，不把別人的成績看成是對社會的貢獻，而卻當作是對自己的剝奪或威脅。因此，我們要不斷地提高自己的道德修養，不斷地開闊自己的視野，要胸懷大志，與人為善。如果能做到這一點，就一定會驅散嫉妒的陰雲。

6 如何消除別人對自己的嫉妒

嫉妒的範圍很廣，朋友之間、同事之間、兄弟之間、夫妻之間、親子之間都有嫉妒的存在，而這些嫉妒處理得不好，就會形成足以毀滅一個人的烈火。

朋友、同事之間嫉妒的產生都是因為以下的情況，例如：

「他的表現又不見得比我好，可是卻爬到我上面去了！」

「他和我是同班同學，在校成績又不比我好，可是竟然比我發達，比我有錢！」

換句話說，如果你升官了、受到上司的肯定或獎賞、獲得某種榮譽時，那麼你就有可能被同事中的某一位或多位嫉妒。女人的嫉妒會表現在行為上，說些「哼，有什麼了不起」或是「還不是靠拍馬屁爬上去」之類的話；但男人的嫉妒通常擺在心裡，有的擺在心裡也就算了，有的則開始跟你作對，表現出不合作的態度。

因此，當你一朝得意時，你應該注意幾件事：

第一，同單位之中有沒有比你資深、條件比你好的人落在你後面？因為這些人最有可能對你產生嫉妒。

第二，觀察同事們對你的「得意」在情緒上產生的變化，以便得知誰有可能嫉妒。

那麼，一旦發現別人對你有嫉妒心理，怎樣才能消除和化解呢？有這樣幾種有效的方法：

(1) 向對方表露自己的不幸或難言之痛

當一個人獲得成功的時候，有人卻可能因此感到自己是個失敗者，是不幸的。這構成了嫉妒心理產生的基本條件。此時，你若向嫉妒者吐露自己往昔的不幸或目前的窘境，就會縮小雙方的差距，並且讓對方的注意力從嫉妒中轉移出來。同時會使對方感受到你的謙虛，減弱了對方因你的成功而產生的恐懼，從而使其心理漸趨平衡。

(2) 求助於嫉妒者

一方面，在那些與自己並無重大利害關係的事情上故意退讓或認輸，以此顯示自己也有無能之處；另一方面，在對方擅長的事情上求助於他（她），以此提高對方的自信心和成就感，並讓對方感到：你的成功對他（她）並不是一種威脅。

（3）讚美嫉妒者身上的優點

你的成功使嫉妒者身上的優點和長處黯然失色，於是，一種自卑感在內心油然而生，以至於自慚形穢。這是嫉妒心理產生並且惡性發展的又一條件。因此，你適時適度地讚美嫉妒者身上的優點，就容易使他（她）產生心理上的平衡，感受到「人各有其能，我又何必嫉妒他人呢？」當然，你對嫉妒者的讚美必須實事求是，態度要真誠。否則，他（她）會覺得你在幸災樂禍地挖苦自己，結果不但達不到消除其對自己嫉妒的目的，還可能挑起新的戰火。

（4）讓嫉妒者與你分享歡樂

在取得成功和獲得榮譽的時候，你不要冷落了大家，更不要居功自傲，自以為是。你可以真誠地邀請大家（其中包括嫉妒你的人）一起來分享你的歡樂和榮譽，這樣有助於消除危害彼此關係的緊張空氣。當然，如果嫉妒者拒絕你的善意，則不必勉強於他（她），順其自然。

十三、遠離猜疑：勇敢開啟心靈之窗

1 缺乏信任——猜疑者的心理實質

猜疑是在沒有確切根據的情況下主觀臆斷地做出他人不利於自己的判斷。當人希望了解事實真相而又無恰當的依據時，往往會猜測、懷疑，有時還會在猜測、懷疑的基礎上產生對他人的偏見。在同事、朋友的交往中，在戀人、夫妻的關係中，猜疑心理十分常見。猜疑使志同道合的合作者分道揚鑣，使朋友隔閡，使夫妻反目，是生活中常見的一種心理失誤。猜疑的人也因其猜疑影響人際交往，影響生活幸福。

猜疑的實質是缺乏對他人的基本信任，猜疑者不從他人的行為表現中得出判斷，而是認為他人表裡不一，有所隱蔽，對自己可能有所欺騙。因而對他人反覆考察，希望證實自己的疑心，但在現實中很多事情都是難於查證的，於是猜疑者就更有理由去懷疑。

而且一旦對方發現你在查證一些事情時，就已經覺察到你的不信任了，猜疑者只能偷偷地考察，偷偷地懷疑。

猜疑對人的心理效應，是給人一種消極的心理暗示，即讓人覺得他人是不可靠的，有問題的。中國古代有一個「疑人竊斧」的故事，生動地說明了這種暗示作用。大意是古時有個人丟了一把斧子，就開始懷疑是鄰居的孩子偷走的，於是他特別注意觀察那小孩的一舉一動，從走路的姿勢，說話的語氣，到面部的表情，身體的動作，怎麼看那個小孩都像個賊，怎麼分析都覺得是小孩偷了他的斧子，後來，這個人在山裡找到了他的斧子，這時再看鄰居的孩子，言談舉止便沒有一點像是偷了斧子的樣子了。

猜疑心理的產生，主要是由於對人持不正確的觀念。猜疑者認為，人生來都是自私的，不可信任的，基於這種觀念，猜疑者總是以一種懷疑的目光看人，對他人懷有戒備之心，在與人交往中不講真話，當面一套，背後一套，用假面具將自己偽裝起來。另外，對人和事缺乏客觀正確的了解也是產生疑心的原因，猜疑者總是以區域性代替全面、總是片面地從自我的主觀想像出發，去分析問題，這顯然是不恰當的。

2 人爲什麼會有強烈的猜疑心理

猜疑，往往是明顯地缺乏事實根據地起疑心，在許多時候也是缺乏思維邏輯。大凡猜疑心強的人往往只憑個人主觀猜測，以主觀想像來猜度別人。他們往往戴著有色眼鏡看人，在他們看來，人性都是虛偽的、醜惡的。在這種心態支配下，他們總是處處小心別人，防範別人，戒備心非常強，有時甚至口是心非。人家一揚眉，他就說別人看不起他；人家一撇嘴，他就說人家討厭他；人家說的話本沒有什麼敵意，經他一描繪就矛盾突出；人家在說自己的悄悄話，他便懷疑在說他的壞話。總之，對別人的一舉一動都耿耿於懷，覺得別人的一言一行都是對自己的侵犯。

猜疑心強的人，精神常常處於一種人為的高度緊張的狀態，憑自己的想像，憑個人的好惡來理解周圍的一切，於是，捕風捉影有之，吹毛求疵有之，無中生有有之，把人際交往的正常狀況都扭曲了，都當成「敵情」來處置了。

其實，陷於猜疑心理失誤的人是活得很累的。他既要對付那些誇大了的「敵意」，又要撫慰自己內心由此產生的痛苦，身心折磨、自身消耗很大。而且，由於他老是疑神疑鬼，對人際關係的損害極大。發生在朋友之間，會破壞純真的友誼；發生在戀人之間，會妨礙感情的發展；發生在夫婦之間，會引發矛盾的深化；發生在同事之間，會影響正常的工作。顯然，猜疑心理是害己害人的。

猜疑心理是一種狹隘的、片面的、缺乏根據的盲目理想。它是怎樣產生的呢？為什麼會產生呢？

(1) 認知方式的偏差

猜疑首先是由於人們的認知方式出現偏差而導致的。以點代面、以偏概全、循環論證的認知方式使得個體在了解周圍事物時產生知覺、歸因等偏差。具有這種認知方式的人一旦產生疑點，對資訊的攝取範圍就大大地縮小了，並且將所有的分析、推理和判斷建立在只能證明自己設想的資訊上，結果進一步驗證和強化了原先設想，使其更「信」以為真，「圓」了其說，造成疑心更重、更加泛化。

(2) 缺乏自信心

有些人在某些方面自認為不如別人，因而總以為別人在議論自己，看不起自己，算計自己。如果別人在一起說話時對自己投來了不經意的一瞥，他會認為別人正在說自己的什麼壞話；如果有人開了極平常的善意的玩笑，他也會信以為真；即使是別人相互之間的指責，他也會認為這是「指桑罵槐」。

(3) 對先前遭受過的挫折體驗過深

猜疑心理的產生還是挫折引起的一種心理防禦。有些人以前由於輕信別人、輕視自己所面對的事物，結果遭受了較大的挫折，並長期保留著對挫折經歷的深刻體驗，這使得他們矯枉過正，從一個極端走向另一個極端，不敢再相信任何人和事。

(4) 長期自我封閉

長期的自我封閉、不與外界打交道，使得人們對外部世界感到更加陌生，在這種情況下，個體在與外界打交道時難免比常人有更多的懷疑、戒心和防備。

猜疑心重的人往往思維趨於封閉性，視野不開闊。猜疑，一般都以一個假想目標——人和事為出發點進行封閉性思維。思維總是沿著封閉的環形軌道這個惡性循環行走。

（5）對他人的信任度不夠

正因為對他人缺乏信任，在心理上就會對別人產生不放心感，才會把他人的言行往壞處想。戀人因故不能按時赴約或未能赴約，你就猜疑他可能變心；同事對你不大熱情，你就猜疑對方在有意排斥你。不信任對方，就沒有安全感，發現對方一點「蛛絲馬跡」，你就會「草木皆兵」。

（6）缺乏冷靜的態度也是猜疑不斷更新的

一個主觀原因人們對事物不可能全部了解，總有不知道的某些事情。但當發現別人有「可疑」的行為時，如果不聽信謠言，不憑主觀揣測，而是憑著冷靜的態度，認真地進行一下調查和了解，真相是會大白的，疑慮自然會解除。

3 猜疑症各種型別的不同表現

猜疑，是每個人都存在的一種心態。正常的懷疑是與輕信和盲從相對立的，是人們的心理從幼稚走向成熟的表現。馬克思在回答女兒的問題「你最喜歡的格言是什麼」時，就寫道：「懷疑一切！」懷疑意味著對傳統和成見的反叛，是通向智慧和科學的必經之路。

但是「物極必反」，如果懷疑超過了一定的界限，對一切事物都持不信任態度，很輕易地就動了懷疑之心，終日疑神疑鬼，就會形成一種病態心理，不但妨礙人與人之間的感情和友誼，還會平添許多憂愁和煩惱，甚至引起病變，損害身心健康。

從醫學的眼光看，猜疑這種精神狀態能夠刺激腦垂體，打亂腺素的正常分泌，引起植物神經功能紊亂，使各種疾病乘虛而入。由多疑引發的病症很多，例如頭暈眼花、胸悶心悸、腰背疼痛、噁心嘔吐、失眠健忘等，嚴重的還可能發展成神經分裂症等精神疾病。

病態的猜疑症，根據其在患者身上的不同表現，可以劃分為若干型別。

(1)自我猜疑型

這種人基於自卑感和缺乏自信心，對自己的能力和身體疑慮重重，惶惶不可終日。這種人在學習和工作中稍遇困難，便悲觀失望，懷疑自己腦子太笨，能力太差，認為自己不是做這種事的「料」，而畏首畏尾，不敢勇敢地去嘗試，結果錯過時機，誤了大事。平時身體稍有不適，便胡亂猜疑，咳嗽幾聲，就以為患了肺病；偶然食慾不佳，就認為是得了肝炎；頭痛腦熱，就懷疑是腫瘤作怪。這種人把主要精力都用來猜疑自身的「噩運」，無法投入正常的工作和學習，也無法保持旺盛的精力和健康的身體。結果形成了惡性循環：認為自己能力低下而不敢放手工作，結果不僅無所成就，能力也因得不到鍛鍊而日漸衰退；認為疾病纏身，無法痊癒，種種病象也隨之而來。

這種人其實是跟自己過不去，自討苦吃。要解除他們的不健康心理狀態，須幫助他們清醒客觀地看待自己，指出他們的優點和長處，及時表揚他們的成績，使之樹立足夠的自信；對於身體狀況也應科學地分析，有病治病，無病則解除疑慮。不切實際地捕風捉影，對人對己都不會有好處。

(2)環境猜疑型

這種人基於對旁人的不信任和過度敏感，覺得周圍的人都在盤算自己、要跟自己過不去。別人在聊天，就以為是說自己的壞話；別人在一起互相開玩笑，就把話往自己身上套，以為別人是在指桑罵槐，攻擊自己。這種人的心理與阿Q很相像。阿Q一方面頭上有癩瘡疤，所以諱言禿，連光、亮之類的字眼也不許別人說；另一方面又無端懷疑旁人，看到男女在一起說話，就以為人家「不正經」。疑心重的病人也是如此，既懷疑別人向自己耍陰謀、放冷眼，又認定旁人之間的關係一定是骯髒齷齪的。這種心態的人，不但自己會妄想成病，還常常攪得周圍不得安寧。

4 自我控制，提升對他人的信任度

為了正確地對待和分析客觀方面的原因，提升對他人的信任度，克服主觀上不正當的猜疑心理，不妨採取如下方法克服它。

(1) 要信任他人，堅持寬以待人

寬容是人與人之間建立友好關係的基礎，因為有了寬容，才能真誠，才有信任。一般來說，猜疑心重的人，私心是很重的，他們對自己要求不高，對別人倒多少有些苛求；自己的言行舉止隨隨便便，卻總是懷疑別人的言行另有意圖；總是以小人之心度君子之腹，不放過別人一點點的差錯。所以，有一顆寬容的心，相信別人的真誠，也就會擁有真誠與信任。

（2）打破封閉性思維

一旦出現了猜疑，一定不能盲目衝動地質問別人、指責別人，要冷靜地分析那些「可疑點」為什麼可疑，它對你究竟有沒有危害或威脅。這時應避免設定假想目標，而要多想想幾種可能和目標，跳出封閉式思維的循環惡性循環，只要一種方案或可能性突破了惡性循環的束縛，你的理智就會清醒。現實生活中，許多人的猜疑都是荒唐可笑的，但在弄清楚之前，猜疑往往因為猜疑者的封閉性思維而被看作是順理成章的事。

（3）開誠布公的交談

如果在冷靜分析後，你仍然找不到可以釋疑的理由，不妨同你所懷疑的對象開誠布公地談一談，以誠待人，世上沒有化解不開的矛盾。猜疑最大的壞處在於它以疑點為中心無限擴散，不僅傷害當事人，而且還傷害許多無辜的人。世界上完全不被誤會的人是沒有的，誤會遲早都是可以弄清楚的。尤其是一個家庭中夫妻之間的矛盾，如果夫婦二人在產生懷疑時能平心靜氣地、誠心誠意地談開來，那麼夫妻之間的關係會更融洽，感情會更深厚，他們的家庭成員也會因為生活在一個融洽的家庭中而備感幸福。

(4) 要懂得自我控制

就是用自己的理智控制自己的情緒。當發現同事有某些造謠中傷你的可疑行為時，當發現情侶、另一半有某些背叛你的可疑行為時，你可能會在情緒上表現出憤怒，此時此刻最重要的就是讓理智控制情緒，以防止由於感情的一時衝動做出不理智行為而留下遺憾，以致抱恨終生。

5 克服猜疑心理的有效方法

心理學家指出，克服猜疑心理應從以下幾個方面入手。

(1) 加強積極的自我暗示

當自己的疑心越來越重的時候，要運用理智的力量進行「急煞車」，控制住自己的「胡思亂想」，要引進正反兩個方面的資訊，要一分為二地看待自己懷疑的對象，想辦法加上一些「干擾素」，如：「也許是我弄錯了」，「也許他（她）不是那種人」，「也許情況不像我想像的那麼糟」，等等。條件允許時，可作一點調查，以澄清事實真相，也可以請自己信得過、人品又很正派的朋友幫助分析事情的來龍去脈，清除自己的一些不符合實際的假想和推測。

(2) 要信任別人

俗話說，「用人不疑，疑人不用」，既然你選擇他作為你的朋友、同事或戀人，就應該充分信任對方，相信他是胸懷坦蕩的，相信他不會做不利於你的事。當然，信任是一個雙向的過程，在自己真誠待人、獲取他人信任的同時也形成他人對你的信任。

(3) 要學會全面、辯證地處世待人

要根據事實，實事求是地去看待人、處理事，而不要輕信流言，單憑主觀想像看待問題。

(4) 要及時釋疑解惑

疑心的產生，必然有一些誘因，或者是對方的過失，或者是彼此的誤解。在這種情況下，要開誠布公地、及時地把問題擺到桌面上，用善意的、討論的方式交換意見，澄清事實，消除疑惑。

（5）加強交往，增進了解

猜疑往往是彼此不了解、缺乏相關資訊的結果。猜疑產生後，常常又加劇了彼此的隔閡。明瞭此理，就應主動地增加接觸，在交往過程中客觀地觀察、了解和掌握懷疑對象的相關情況，最好能與對方進行開誠布公的交談，結果就會發現造成自己產生猜疑之心可能是由於錯誤資訊的傳入；可能是由於一句不經心的玩笑引起的誤會；也可能是一些庸人、小人搬弄口舌所致。這正如人們常說的那樣：長相知，才能不相疑。

（6）培養自信心

人有所長，亦有所短，每個人都應當看到自己的長處，培養起自信心，相信自己會與周圍人處理好人際關係，會給別人留下良好的印象。這樣，當一個人充滿自信地進行工作和生活時，就用不著擔心自己的行為，也不會輕易地懷疑別人是否會挑剔、為難自己了。

十四、戰勝自負：從孤芳自賞中清醒過來

1 自負的心理是怎樣形成的

任何一個正常的人，都有「爭強好勝」的心態。然而好勝心並不是所謂的自負。好勝心是催人奮進的動力，而且這個動力如果使用得當，它還可以取之不盡，用之不竭。好勝心是力爭上游、永不停滯、不滿足於現狀、力爭取得最大成功、以超越自己、超越他人的一種心理傾向或性格特徵。好勝心可能向積極或消極方面發展。向積極方面發展才是真正的好勝心，可稱為進取心、上進心。具有此種品性的人，總是會千方百計地提高自己，使自己掌握過硬的本領，以便超過他人。與此相反，向消極方面發展則是虛假的好勝心，其表現為極端的自負。具有這種品性的人，他不是想方設法地提高自己，而總是自我滿足，對他人取得的成績任意貶低、否定，自己原地踏步，就像龜兔賽跑中的

兔子一樣嘲笑別人的進步。這種人只有所謂的好勝心，卻沒有實際的行動，想一口吃成個大胖子，卻不知「不積跬步，無以至千里」的道理。而一個有真正好勝心的人，總是不願吃老本，不會原地踏步，而是力求百尺竿頭，更進一步：今天要比昨天好，明天要比今天強。歌德說：「誰不能主宰自己，誰就永遠是一個奴隸！」如果那位男同學以昔日的省狀元為起點，不斷地超越自己的好勝心，那麼他就能成為自己命運的主人、穩操勝券的成功者。

人因自謙而進步，因自滿而墮落。成功固然值得自豪，然而自負就是自暴。老子曰：「不自見，故明；不自是，故彰；不自伐，故功；不自矜，故長。」這句話的意思是，一個人不自我表現，反而會顯得與眾不同；不自以為是，反而會超出眾人；不自負自誇，反而會不斷進步，贏得成功。如果一個人成功之後，只知道自我陶醉，而迷失於成果之中停止不前，那就是為自己的成功畫上了句號。

自負心理是怎樣形成的呢？

(1) 與人自我意識發展的特點有關

心理學家認為，所謂「自我意識」是指人對於自己以及自己與周圍事物的關係的一種認知；也是人認識自己和對待自己的統一。

自我意識包括自我觀察、自我評價、自我體驗、自我監督、自我教育和自我控制等內容。它是人在社會實踐交往中，特別是由於語言和思維的發展，了解自身和環境而逐步地形成和發展起來的。

有些人自我意識發展的特點之一是：對認知和評價自我充滿了濃厚的興趣和急迫感，自我認知和評價的水準大為提高，但自我認知和評價的客觀性與正確性尚不夠，還存在一定程度的盲目性。

由於青年的獨立意識、自尊心的發展，常常會導致一種不必要的自負心理。於是自吹自擂、老子天下第一等言行和心理，便在不少青年中表現出來了。他們特別喜歡尋找和評價那些自己有而他人沒有的長處，同時，他們的自尊心、榮譽感也很強，總希望自己的形象在別人看來是肯定的、令人喜愛和有希望的。

(2) 與自大者的家庭背景有關

與讀書年代的成績好，踏入社會初期的順利有關。由於這些人的父母對他們的要求百依百順，使他們從小就成為家中的「小霸王」。事事以他為中心，因而養成了一種不懂得遷就別人及完全不能容忍挫折的性格。

有自大心理的人，需要對自己做一番全新的評價和猜想，將自己從「自以為是」的陷阱中拉出來，並且重新學習與人相處。否則，在當前這種重視人際關係的社會環境中是難以立足的。

2 自負心理的五種特徵

(1) 否定別人，炫耀自己

自負者總是傲慢地拒絕承認自己的失敗，固執地堅持自己的想法和做法。往往喜歡選擇最艱難的任務，而採取與別人預計相反的行動，以此否定別人，炫耀自己。

(2) 神經敏感，從不體諒別人

自負者容易產生懷疑、嫉妒心理，好責備他人，固執死板，對他人要求很高。有時會把別人的一些正常舉動甚至是友好的行為也曲解為惡意的；對人懷有戒心，防禦他人時，好情緒衝動，經常感到別人不尊重自己，因而經常自我肯定、自我表彰；對別人甚至自己的配偶，也易於產生病態的嫉妒和挑釁性，因此常與別人、朋友、家庭成員發生爭執，人際關係、家庭氣氛都會搞得很緊張。

(3) 頑固守舊，不容易接受新事物

自負的人，往往堅持自己固有的傳統思想理念，面對世界的發展進步，覺得是不可思議或者是瞎胡鬧。這種想法，明明與時代潮流相違背，卻反過來認為時代在倒退，一代不如一代。自負的人往往開歷史倒車，攻擊時代潮流，攻擊社會變化，甚至不自量力，企圖螳臂當車；對新事物、新人物、新趨勢都看不慣，視為洪水猛獸，視為惡劣道德的代表。

(4) 冥頑不化，死不認錯

執著於某個信念的人，應該是一個堅定的人，一個值得尊重的人。在一般情況下，「執著」是個褒義詞，是一種優秀的品性。可是，如果執著走到極端，那就是自負了。所謂執著走到極端，也就是一個人對某件事、某個人、某種抽象理唸過於專注，以至於誤入歧途也死不悔改。患有自負這種心理情結的人，往往走極端，死不回頭，還自以為是。

如果一個人的目標錯了，而他仍要奮力向前，而且自以為自己意志堅定、態度堅決，那麼它導致的惡劣後果，恐怕比沒有目標或猶豫不前更為可怕。這種盲目心理能讓人付出慘重的代價，自負帶給人的是失敗，而不是成功的幸福。我們每個人都一樣，為了事業的成功，或者愛情的成功，常常無所顧慮，勇往直前，這本來是好事，然而一旦走錯路，又不聽別人的勸告，不肯悔改，結果就會與自己的奮鬥目標南轅北轍。

（5）獨斷專行，聽不進別人的意見

一個有作為的人，應該學會傾聽意見相左者的建議，發掘他們的優點。一個有作為的人，雖然不免受自己觀點的左右，但他總能隨時糾正這種態度，努力站在公正的立場去評估周圍的人的能力，去傾聽別人的意見，結交有才有德之人。而自負者卻總是自以為是，不聽勸告，不知天高地厚，常憑以往的經驗辦事，這樣的人古往今來，失敗者多於成功者。

3 丟掉孤芳自賞，贏得他人之心

與每個人都有自己的缺點一樣，每個人也都擁有自己的優點，如果一個人能學會欣賞別人的優點，他無疑就能夠獲得因存有自負而孤芳自賞的弱點而不可能得到的許多東西。而令人痛心的是，那些不懂得欣賞別人而且毫無理由的有成功感覺的人，常用令人作嘔的自負的擾嚷、騷動與傲慢支撐出他們可笑的孤芳自賞的夢境。

卡內基曾講過他班裡的瑞安先生是如何欣賞別人的優點並取得顯著的效果的。在加入課程以後不久，律師瑞安先生同他的妻子駕著汽車到長島去拜訪他妻子的幾家親屬。而他妻子卻留下瑞安先生同她的一位老姑母談話，她獨自跑開去拜訪幾位比她年輕的親屬。因為瑞安要作一演講，講他如何實際運用欣賞的原則，於是他就想從那位老太太身上實驗一下，所以他向屋子的四周一看，看看有什麼他能真誠讚賞的。

「這屋子建造在 1890 年前後，是不是？」他問道。

「是的，」老太太回答道，「正是那年造的。」

「這使我想起我降生的屋子，」他說「極美麗，建築得極好，很寬大。你知道，人們現在不再建造這樣的屋子了。」

「你說得對，」這老太太同意著說，「現今的年輕人不在乎美麗的家庭了，他們所要的，不過是一所小公寓及一個電冰箱，然後外出在汽車中閒遊。」

「這是一所理想的屋子，」她用顫動著溫柔回憶的聲音說，「這屋子是用愛情建造的。我的丈夫跟我，在我們建造以前，夢想了多年，我們沒有建築師，都是我們自己設計的。」

然後她引導他參觀這屋子，他對她由旅行中所蒐集的終身愛護的寶藏，表示真誠的欣賞：派斯萊披巾、一套古式英國茶具、凡其胡瓷器、法式床椅、義大利油畫，及一床曾一度懸於法國封建時代的宮堡內的絲帷。

「在引導我參觀屋子以後，」瑞安先生說，「她帶我到汽工廠。那裡置放著一輛別克汽車，差不多是新的。」

「我的丈夫在他去世不久以前就買了這輛車，」她輕輕地說，「我在他死後，從未乘過……你欣賞好東西，我要將這車送給你。」

「啊，姑母，」他說，「你使我不知如何是好了。我當然感激你的盛意；但我不能接受。我又不是你的直系親屬。我有一輛新車，而你有許多親屬喜歡那別克汽車。」

「親屬！」她大呼著說，「是的，我有親屬正在等我死，以便他們可得到那汽車，但他們得不到的。」

「如果你不願意把它送給他們，你可很簡易地把它賣給一個舊車商。」他告訴她。

「賣掉！」她嚷了起來，「你以為我願意賣這汽車嗎？你以為我能忍受著生人坐在那汽車裡，在街上來往，在那我丈夫為我買的汽車中嗎？我做夢也不會想賣，我要送給你，你欣賞美麗的東西。」

他竭力避免接受這輛汽車，但他不能不接受，他怕傷她的感情。這位頑固而自負的老太太同她的派斯萊披巾、法國古董，及她的回憶獨自留在一間大屋子中，正在渴求著一點他人的共識。她曾一度年輕貌美，且為人所追求；她曾一度建造一所屋子，有愛情的溫暖，並自歐洲各國蒐集了物品使之美觀；現今在老年的孤獨中，她期望一點人情的溫熱，一點真實的欣賞——而沒有人給她。當她找到時，就如同在沙漠中找到了泉水一樣，她的感激不能用比一輛別克汽車的禮物更少的東西，完全表示出來。

從上面的例子中可以看到，真誠地關心別人，真誠地欣賞別人，別人才會真誠地關心你，因為任何人都在內心深處有被別人欣賞的需求。如果一個人只懂得孤芳自賞，那他絕不可能會得到別人的賞識。賞識可以說是一塊神奇的試金石，它能夠探測出你在別人的心目中究竟居於什麼地位，它更能夠幫助你戰勝自負、完成本來不可能完成的事情。

4 以謙虛的處世心態抑制自負

日常工作中經常出現這樣的人，其人雖然思路敏捷，口若懸河，但一說話就令人感到狂妄，因此別人很難接受他的任何觀點和建議。這種人多數都是因為太愛表現自己，總想讓別人知道自己很有能力，處處想顯示自己的優越感，時時幻想能獲得他人的敬佩和認可，殊不知結果卻往往適得其反，從而失掉了在別人心目中的威信。

在心理交往的世界裡，那些謙讓而豁達的人們總能贏得更多的朋友。反之，那些妄自尊大，自負高傲的人必然會引起別人的反感，最終在交往中使自己走到孤立無援的地步。

老子曾說過「良賈深藏若虛，君子盛德若愚」，意思是說好的商人總是隱藏其寶物，君子品德高尚，而外貌卻顯得愚笨。這句話告訴人們，必要時要藏其鋒芒，收其銳氣，不可不分場合將自己的才能讓人一覽無遺。你的長處與短處被別人看透，就容易被他們操縱。

再者，為人還是謙虛一些好，謙虛的人往往能得到別人的信賴。謙虛，別人才不會認為你會對他構成威脅；才會贏得別人的尊重，從而建立和睦相處的關係。

我們對自己的成就要輕描淡寫，這是交際方略。我們必須學會謙虛，這樣才能永遠受到人們的歡迎。對此卡內基曾有過一番精彩的論述：「你有什麼可以炫耀的嗎？你知道是什麼東西使你沒有變成白痴的嗎？其實不是什麼大不了的東西，只不過是你甲狀腺中的碘罷了，價值才五分錢。如果醫生割開你頸部的甲狀腺，取出一點點的碘，你就變成一個白痴了。五分錢就可以在街角藥房中買到的一點點碘，是使你沒有住在瘋人院的東西。價值五分錢的東西，有什麼好談的？」

在言談中，趾高氣揚、高談闊論、鋒芒畢露、咄咄逼人，這些無禮的態度都很容易挫傷對方的自尊心，引起對方反感的情緒，導致築起對方防備的心牆，從而導致自己的被動。

謙虛不僅是人們應該具備的美德，從某種意義上說，謙虛也是交際獲勝的力量。尤其在對峙雙方地域不同、文化背景各異的情況下，偶然一句「我不太明白」、「請再說一遍」之類謙恭的言語，會使對方覺得你富有素養和人情味，真誠可親。

做人，有什麼值得炫耀自己傲視別人的呢？孔子說：「君子做事不自大，居功不自傲。」虛己待人是長進仁德的基礎，自謙是受人尊敬的階梯。念念不忘謙虛二字，自然是高風可仰。

5 以良好的習慣克服自負

古往今來，因驕傲自大、極端自負而折戟沙場的例子舉不勝舉。曹操的「赤壁之戰」、拿破崙的「滑鐵盧之役」、關羽的「走麥城」都給後人留下了深刻教訓。美國哲學家、科學家富蘭克林早就說過：「自負是一個人要除掉的惡習。」既然自負會成為我們性格上的弱點，會阻礙我們前進的腳步，那麼，我們就應該培養良好的習慣去克服它，不讓它滋生蔓長。

(1) 培養謙虛的習慣

有人說，謙虛就像兒時玩的蹺蹺板，你在這頭，對方在那頭，只要你謙遜地壓低了自己這頭，對方就高了起來。一顆謙虛的心是與人建立良好關係的敲門磚，就是說，在我們承認自己並非十全十美、尊重他人之前，我們是得不到別人尊重的，也就無法與人良好地溝通；一顆謙虛的心是個人自覺成長的開始。古人云：「謙受益，滿招損。」你縱有豪氣萬丈，但絕不能自負半分，縱有超人的才識，也要虛懷若谷。

(2) 培養不顯露的習慣

鋒芒，在適當的場合顯露一下既有必要，也是應當的。但鋒芒可能刺傷別人，也會刺傷自己，動用起來應該小心謹慎，平時應插在劍鞘裡，不要總是把它顯露出來。過分外露自己的才幹，不分場合地顯露自己的才幹，只會讓別人瞧不起你，甚至排斥你。尤其在懷疑心重的領導面前，如果你自負得不知天高地厚，不僅會讓領導不高興，還會讓他覺得自己的地位受到了威脅，一有機會，就會把你壓下去。

（3）培養心中有他人的習慣

目中無人，盛氣淩人，是自負的一貫表現。自負者目空一切，總認為自己是最優秀的，誰也不如他。於是，他只看得到自己的優勢，看不到自己的弱勢；只看得到別人的弱勢，看不到別人的優勢。如果心中有他人，處處想著他人，時時關心他人，把「以人為本」作為習慣性的思考，善於和善待人，取他人之長補己之短，就能不斷地充實、完善自己，克服自負。

（4）培養內省的習慣

自負者往往是習慣沉浸於虛無的勝利中的幻想者，常常因為一次的成功就自我滿足，眼前顯現的、耳邊響動的永遠是早已逝去的昔日的鮮花與掌聲。他們把人民給予他們的榮譽看做是理所當然的，他們不能靜下心來想一想自己今天都做了些什麼，都收穫了什麼。如果一個人能經常進行自我反省，那麼他就不會有自負心理了；如果一個人能不斷地提高對自己的要求，那麼他就能把昔日的成功化作今日前進的動力了。

十五、走出自閉：走向社會大舞臺

1 自我封閉的心理誘因

人之所以自我封閉，像蠶躲在繭內不與外界交往，究其原因主要有以下幾個方面：

(1)不合群的性格

不合群的性格緣於生活中有些人過於潔身自好，或自命清高，不好交往；或有些人過於自卑，總以為別人瞧不起自己，因而孤僻內向，自我封閉起來，離群索居。

(2)不適應社會環境

現實生活中，社會環境對人有一定的要求條件，人對環境也並非心滿意足，這樣就需要適應。但有些人沒能適應環境，工作不能順利展開，處處感到陌生，不是工作出問題就是人際關係緊張，整天悶悶不樂，置苦悶之中不能自拔，於是產生自卑恐懼感，將自我封閉起來。

(3)冷漠心態驅使

一般來說，當人們失去親友、事業不順或健康不佳時，會失去生活的動力和信心，這時，也易產生自我封閉的心理。

(4)自卑感作怪

自卑感是一種覺得自己不如他人並因此而苦惱的感情。有這些心理狀態的人，常常對自己的能力、品性等做出偏低的評價，總認為自己比別人差而悲觀失望，因而產生自我封閉心理。

(5)追求完美的心理

不能容忍美麗的事物有所缺憾，是一種常見的心態，但生活中每做一件事就想把它做得完完美美的人，並不是一個強者，恰恰相反，這些追求完美者期望毫無瑕疵的結局，只是想把自己保護起來，免受他人的指責和譏諷，一旦事情不完美，就會在他們心裡投下陰影，造成壓力，極易自我封閉，不敢與外界多交往。

(6) 悲觀情緒

有的人大部分生活被消極情緒占領，或哀嘆籲嗟、灰心喪氣，或牢騷滿腹，怨天尤人，而不善於解脫排遣。這種人也極易產生自我封閉的心理。

2 敞開心扉，融入多彩社會

自我封閉是指人將自己與外界隔絕開來，很少或根本沒有社交活動，除了必要的工作、學習、購物外，大部分時間將自己關在家裡，不與他人交往。

造成有些人自我封閉起來、不與外界交往的原因有很多，不管是出於什麼原因，我們都應該知道，固然過分、浮誇的感情並不可取，但我們不能因此對生活中真正打動我們內心的人和事也裝做視而不見。把感情封閉起來，只會使生活失去生機活力。

人類的內心世界是由感情凝結而成的，所以我們才能在鄰居或朋友之間建立起誠摯的友誼；才能在夫妻間建立起成功美滿的婚姻和家庭；社會也才能透過感情的紐帶協調轉動。真摯的感情無影無形，但它卻比任何實際的東西都更有價值。

天性開朗、熱情、奔放的人根本就沒有必要去追求少年老成的效果，以至於製造出一副扭曲的性格，它比肢體的殘疾更令人悲哀。裝出一副老於世故的外表和麻木不仁的面孔去迎合某種觀念和大眾化的口味，是脆弱、懦弱的表現。走出自我封閉的圈子，注意傾聽自己心靈的聲音並大膽表現它是美好和幸福的。

當我們要壓抑自己的感情，想把它封閉起來時，我們有必要捫心自問：我怕的是什麼？我為什麼不能更自由地生活在世界上？

為了你生活得更快樂，更有意義，請你敞開心扉，融入社會多彩的生活之中吧。

3 怎樣使自己變得熱情開朗

(1) 信任他人，與人交往

了解他人，也讓他人了解自己如果你對新結識的人表現冷淡，這往往意味著你對人的信任感和孩子般天真的直覺已被自我封閉的重壓毀滅了。那麼，你就不會從你周圍的人們中獲得樂趣。

不妨去做：

和初次見面的人打打招呼；

在你常去買東西的小店裡和售貨員聊聊；

和剛結識的新朋友一起去郊遊；

在眾人面前表達自己的觀點，從前的孤獨將一掃而光。

（2）接納自己

生活中果真有那麼多的煩惱嗎？許多事並沒有什麼大不了的，只是我們把它放大了而已。

學會對自己說「這沒關係」，這樣，我們的生活裡就會常常充滿開懷的笑聲；

不要總是想不愉快的往事，不必承擔不屬於自己的過錯；

多發掘自己的優點，就會越加自信，增強與人溝通的能力；

不要「自我監禁」，這樣只能讓自己閉目塞聽，思維狹窄，行動遲緩，一無是處。

（3）順其自然地生活

不要為一件事沒按計畫進行而煩惱，不要為某一次待人接物禮貌不夠周全而自怨自艾。如果你對每件事都精心策劃，以求萬無一失的話，你就不知不覺地把自己的感情緊緊封閉起來了。

應該重視生活中偶然的靈感和樂趣。快樂是人生的一個重要價值標準，有時能讓自己高興一下就行，不要整日為了一個明確目的，為解決某項難題而奔忙。

（4）不要掩飾真實的感情

如果你和你的摯友分離在即，你就讓即將湧出的淚水流下來。害怕人說長道短，而把自己身上最有價值的一部分掩飾起來，這種做法沒有任何道理。生活中許許多多的事都是這樣，遵從你的心願。這樣即使做錯了事，也不必太難過。

4 擺脫自我封閉心理的行爲訓練

(1) 初期行為訓練

每天下班後，不要急於馬上回家，而是先到百貨商場、市場等人多的地方逗留一段時間，引導自己對周圍環境裡的人和事物感興趣，然後回家將自己所觀察到的一切記錄下來。

這心理訓練的目的是將你從個人的小世界裡拉出來，讓你置身於你以前不願、不敢呆的環境裡。

如果剛開始怕人太多的地方，可先從人少或無人的環境裡開始。另外，在外逗留的時間也應遵循由短到長的原則。

(2) 中期行為訓練

①閱讀一些有關基本溝通技巧方面的書籍和文章，如怎樣和人打招呼，怎樣和人開始談話，談話的禮貌等；

②到某市場詢問一種蔬菜的價格；

③在路上向陌生人問路，其中包括向年長的、年輕的和年齡較小的同性和異性問路。特別是要完成一次向年輕英俊漂亮的異性問路和一次向看起來並不和善的人問路；

④買一種商品，然後退貨。退成退不成無關緊要，重要的是你勇於並能夠向店家說明你的理由。

注意：每完成上述一個步驟，都要寫下感想，分析一下自己運用前面所學的溝通技巧的情況，總結自己的長處和不足。對於長處，要在以後的行動中堅持下來，而對於不足要透過再一次的「補充練習」加以糾正，直到基本克服為止。

（3）後期行為訓練

①每天向同事詢問一項相關單位的業務問題，直到第二個星期為止。

剛開始，可選擇那些比較和氣、比較寬容的同事（如老同學），然後再選擇那些脾氣不太好，看起來不太好打交道的人詢問。

問時要抱著虛心求教的態度，認真傾聽。眼睛要經常注視著對方（但也不是始終死盯不放），並要有所反應（如點點頭，表示明白了）。若可能的話，找一個比較容易接近和耐心的人給你指點一下。

這項任務既是一種人際溝通的技巧訓練，也可幫助你更好認清你的工作，使你創造出較佳的工作業績來。

②在工作的業餘時間，主動參與同事們的聊天，剛開始你可能不太會說，沒關係，你只需耐心地傾聽就夠了。

等到一段時間後，你也可以適當發表一下自己的見解。為了使你自己更成功，你應「備備戰」，如頭一天晚上有準備地看一場球賽，或從報刊上記下一個有趣的事例，到第二天你用它來參與聊天。

③約同事一起出去逛街，吃頓便飯，看個展覽之類的。

希望你把這一訓練過程完整地堅持下來，到那時，你將擺脫孤寂，拓展自己的生活圈子，使自己快樂起來。

電子書購買　　爽讀 APP

國家圖書館出版品預行編目資料

內在重生，自我探索之鑰：照亮你內心的黑暗角落，一場書寫勇氣與信心的轉變旅程！
/ 王郁陽，舒天，孫思忠 主編 . -- 第一版 . -- 臺北市：崧燁文化事業有限公司 , 2024.05
面；　公分
POD 版
ISBN 978-626-394-214-1(平裝)
1.CST: 自我肯定 2.CST: 自我實現
177.2　　113004611

內在重生，自我探索之鑰：照亮你內心的黑暗角落，一場書寫勇氣與信心的轉變旅程！

臉書

主　　編：王郁陽，舒天，孫思忠
發 行 人：黃振庭
出 版 者：崧燁文化事業有限公司
發 行 者：崧燁文化事業有限公司
E-mail：sonbookservice@gmail.com
粉 絲 頁：https://www.facebook.com/sonbookss/
網　　址：https://sonbook.net/
地　　址：台北市中正區重慶南路一段六十一號八樓 815 室
Rm. 815, 8F., No.61, Sec. 1, Chongqing S. Rd., Zhongzheng Dist., Taipei City 100, Taiwan
電　　話：(02) 2370-3310　　**傳　　真**：(02) 2388-1990
印　　刷：京峯數位服務有限公司
律師顧問：廣華律師事務所 張珮琦律師

定　　價：350 元
發行日期：2024 年 05 月第一版
◎本書以 POD 印製
Design Assets from Freepik.com